花落春仍在

20世纪前期中国的困境与新路

瞿骏 著

生活·讀書·新知 三联书店

Copyright © 2017 by SDX Joint Publishing Company
All Rights Reserved.
本作品版权由生活·读书·新知三联书店所有。
未经许可，不得翻印。

图书在版编目(CIP)数据

花落春仍在:20世纪前期中国的困境与新路 / 瞿骏著.—北京:生活·读书·新知三联书店,2017.12
ISBN 978-7-108-06106-5

Ⅰ.①花… Ⅱ.①瞿… Ⅲ.①中国历史－近代史－文集 Ⅳ.①K250.7-53

中国版本图书馆 CIP 数据核字(2017)第 231112 号

责任编辑　成　华　王婧娅
封面设计　周伟伟
出版发行　生活·讀書·新知 三联书店
　　　　　(北京市东城区美术馆东街22号)
邮　编　100010
印　刷　常熟文化印刷有限公司
排　版　南京前锦排版服务有限公司
版　次　2017年12月第1版
　　　　2017年12月第1次印刷
开　本　889毫米×1194毫米　1/32　印张　6.625
字　数　138千字
定　价　28.00元

自　序

　　这本小书收录的是我自 2005 年以来写的小论文、随笔和书评。我是个手慢的人，所以别人的书是集腋成裘，我只能是"集腋成袖"。同时也不敢说其中有何真知灼见，这有待读者来评判。唯一可说的是，书里每一篇文章确实都曾费过心力，下过功夫。

　　费心力和下功夫一方面因为自己就是一个现代中国历史的研究者，每日都与这段历史为伴，"吃饭家伙"岂有不郑重对待之理；一方面来自于自己那份莫名的"敬惜字纸"的意识，总觉得既是要见人面的文字，别人满不满意无从把握，但使别人满意的起点就在自己作文的诚意和心气；最后则关乎自己对于历史和现实的一些关切，值得多说两句。

　　书名"花落春仍在"出自道光三十年（1850 年）庚戌科礼部覆试答卷。其时考题出"淡烟疏雨落花天"，俞樾依题作诗云：

花落春仍在，天时尚艳阳。
淡浓烟尽活，疏密雨俱香。

> 鹤避何嫌缓？鸠呼未觉忙。
> 峰鬟添隐约，水面总文章。
> 玉气浮时暖，珠痕滴处凉。
> 白描烦画手，红瘦助吟肠。
> 深护蔷薇架，斜侵薜荔墙。
> 此中涵帝泽，岂仅赋山庄。

据说此诗曾得到曾国藩激赏，此试自然也成了俞樾最刻骨铭心之科场一役。他凭此成了"殿元"，遂命名自家书斋为"春在堂"。而此句在今天看来正成为一个巨大的隐喻，提示我们如何看待现代中国的历史。

现代中国的历史以"变"著称，但如何"察变"却是个到今日仍颇费人思量的问题。在既有的历史叙述中我们多看到的是变化后的模样（当然是否真是这等模样也依然可以存疑），而不太清楚变化的过程，更模糊的是变化前的模样。马克思曾说："人们自己创造自己的历史，但是他们并不是随心所欲地创造，并不是在他们自己选定的条件下创造，而是在直接碰到的、既定的、从过去承继下来的条件下创造。"而我们恰恰对这些"直接碰到的、既定的、从过去承继下来"的条件重视不够，以致常常只看到了落花飘零于泥尘的"近代中国屈辱史"，而看不到既有的"春天"究竟是在还是不在。

更重要的是，随着中国既有"春天"的在与不在变得无关紧要（同时事实上依然还在），国人特别是读书人的心目中径自发展出了各自想象的"春天"与自以为的"春天"，并为了他们的想象和自以为而努力、奋斗,直到互搏与厮杀。

于是,落花、新枝、仍在发展却不被人重视的既有"春天"和想象与自以为的未来"春天"就这样在现代中国交织掺杂在了一起。这种因交织掺杂而互渗联动的状态既造成了现代中国历史的困境,也开拓了现代中国历史的新路。

从困境这一面来说,"落花飘零"即现代中国的"黑暗沉沦"确乎是当时每个中国人所经历的生存状态,但对于此种基本生存状态的回应方式,各人却有所不同,遂有中体西用、全盘西化、革命、改良、接续、调和等多种方案和主义。1935年陶希圣曾把中国之思想界分为"封建社会的回想的阵营、资本主义的模仿的壁垒和社会主义悬想的阵线"三大阵营。陶氏的说法与前些年流行的自由主义、保守主义和激进主义的三分法有一些相似,但所见更深,且其立场不在任何一方,因此也就不能引起各家"教主"的注意。在这些阵营、壁垒和阵线之中有坚持中国既有"春天"仍在且相当重要的,亦有笃信"落花飘零"之后必定会有另一个不同"春天"的,所以看上去针锋相对、彼此对立,但其实它们大多都共享着同一个预设,即张灏所说的"前瞻意识"。这种"前瞻意识"让人对其身处的现实有强烈的沉沦感和疏离感,同时对缥缈的未来有无与伦比的热切盼望。我将其称为"一种近于无可救药的未来乐观主义"。

而之所以"共享",是因为不仅我们常称之为"激进"的那些主义有这种"前瞻意识",那些曾几何时遭无数人激赏追捧的改良主义等也不乏这样的意识。这从廖平、康有为、梁启超的著述中可以看得特别明白,其"革命"的目标之远、范围之广和着力之深常令人感叹和咂舌，让人不禁要问，真的有改良派吗？究竟谁是革命派？

现代中国的三重连续性困境由此产生。第一，"新社会总是从旧社会脱胎而出的"，因此现代中国再如何"变"，总有事实上仍在的"春天"，又有读书人想象中的和自以为的未来"春天"。这常使时人产生一个基本的困惑，即如果自己"既不赞成复古，又不愿意完全把西洋的整个搬过来"，该怎么办？

第二，正因为有此困惑，从中体西用开始，到调和新旧与接续中西，再到"取其精华，去其糟粕"之说，它们虽有各自立说的理据，但体现的都是一种以"新旧杂存"的方式来通向光明未来的尝试。张东荪对这种"新旧杂存"的思路做过有力的挑战，其挑战的意义并不仅止于指出所谓"新旧杂存"很多时候不过是新旧"共存"，更重要的是点明了无论是"杂存"还是"共存"大概都是长期性的，"新的增加一分，旧的便汰去一分"。这种对"时间"力量的期待会让"前瞻意识"强烈的国人急躁而迫切。他们一方面觉得这样的期待是一种惰性，是"人类本能上一种恶德，是人类文明进化上一种障碍"，另一方面则无奈地发现现实就是"新的不可以一天长大，旧的不可以立刻消灭"，走向光明未来的路漫漫又长远。

第三，光明未来的遥远而不可得，让现代转型中的部分读书人一边经历着"落花飘零"的苦痛现实，一边愈发觉得我们无法依靠"时间"的力量来再获春天。郭沫若就警醒众人说："不要以为春天去了，永远会要再来！"因此他们从盼望新的春天转换成要主动创造新的春天，要一换而过的是种子，是土壤，甚至是气候。在这样的氛围里，人们对那些正在养花以收获春天之人的努力，常抱以有意忽视或无意忽略的态度，进而常常期盼调换一批更善于养花，乃至能呼风唤雨、创造春天之人。但历史常常是不如意的，调换了未必更好（但也不一定更坏）。可是这样一来，现代中国的历史叙述却演化成为一个循环路径：在北洋追慕晚清，在国民党统治下怀念北洋，时至今日则有"晚清风度""北洋精神""民国范儿"等林林总总的"旧日重现"。其实质都是项庄舞剑、意在沛公，借助谈历史而对现实形成一种批判。但这些批判常常忽视了一个基本逻辑：若对旧日的怀念成为循环和常态，那么早知今日，又何必当初？

从新路这一面来说，尽管近代中国有如此多的"困境"，但一个主权大致完整，疆域范围基本保持，人口、民族依然众多，文化有"一线之续"且有进一步复苏迹象的中国仍在那里，这对一个经历过"民族帝国主义"时代的古老国家来说实在是一个奇迹。

从这个"周虽旧邦，其命维新"的奇迹中显示出我们一定有新路可走。这条路不是简单的"脱亚入欧"或者是成为东西洋列强标准中的"民族国家"，因为历史和现实已经说明"脱亚入欧"或是成为"民族国家"的短暂成功与长期虚妄，而且在追寻这虚妄的过程中，对自身和对他国都有无穷的流弊。中国的新路某种意义上正蕴藏在她的困境之中，即杨国强教授说的："中国人不能不背负着旧有的历史以因应新来的震荡。"

这句话洞穿了百多年的中国近代历史！"不能不"表明"旧有"与"新来"的共存很多时候不是能够人为来取其精华、去其糟粕的。"从世界上一切可能的事物中精心搜集起的一堆'好的方面',稍一碰撞就会化为灰烬!"这种共存是我们脱不开的"既存状态",有弊亦有利,有危亦有机。对历史长河来说,百年不过一瞬,仍在的"春天"一方面或许是造成我们无穷困惑的部分原因,另一方面也是我们获得生机的源泉。中国"旧有的历史"在今日绝不只是我们要卸之而后快的包袱,相反,它能为我们已经贫乏至极的政治、社会想象提供鲜活的养分。康有为、钱穆、章太炎、陈嘉异、闻一多、陈寅恪等近代思想大家的论述尤能说明这一点。他们的价值既在今朝,更在未来。

1907年鲁迅曾说:"往者为本体自发之偏枯,今则获以交通传来之新疫,二患交伐,而中国之沉沦遂以益速矣。"放在清末的历史环境看,鲁迅之说无疑比那些东京、上海之"仁人志士"跳踉轻发的高蹈言论深刻得多。但一百一十年过去,中国似并未"沉沦"到底。在此前提下,我国本体自发究竟为何,中西交通传来的是否仅是"新疫",特别是二者究竟如何"交伐"、"交伐"产出何物等都仍是一个个"进行中的问题",值得治史者用心去追寻与讨论。

这是一场长程的竞赛,且经常不以成败来论英雄!

本书能在生活·读书·新知三联书店出版,要感谢责任编辑王婧娅的牵线搭桥与认真仔细的工作。书中各文蒙吴彬老师、王立嘉老师和黄晓峰、张明扬、任思蕴、饶佳荣、饶淑荣、叶祝弟、阮凯、张洪彬、周奇、石伟杰诸友不弃,曾先期发表于《读书》《浙江社会科学》《学术月刊》《探索与争鸣》《文史知识》《东方早报·上海书评》《文汇报·文汇学人》和澎湃新闻等各家报刊媒体。其中多篇的成稿有赖于许纪霖师和杨国强教授每年耗费心力和体力组织的专门面向年轻人的学术会议，会议期间既有学问思想的碰撞，又有旧雨新知欢聚的喜悦。不少文章背后的人与故事，待日后慢慢细说。

发表于2009年的《特立独行的士人与世相》（收入本书改名为《一部特立独行之书——读〈晚清的士人与世相〉》）是我在《读书》杂志上发表的第一篇文章。据闻当时罗志田教授已写好杨国强教授大著的评论，要在《读书》上发表，但为玉成年轻人的习作，遂将大作另投他处。罗老师是最适合论评杨著的学者，文章无论发表于何处，都是我们竞读争阅的宏文。我的文章不过是谈了些不上台面的学习体会，此次借陋作出版的机会，附记于此，以感谢罗老师提携后进的美意与厚心。

目 录

001　文明的痛苦与幸福：对辛亥革命的一个解读

012　宣统三年的读经"攻防战"

022　"共和"的通俗化：清末民初的"新"三字经

034　民族主义的可贵与可爱

044　八卦世界：辛亥革命时期的谣言

054　倒皇人是保皇人：梁启超与民初复辟

067　新文化的"到手"与"入心"

080　李无隅：一个五四青年的生与死

092　胡适、"园丁"与《燃犀》

112　中国近代史研究之走向（二题）

121　中国城市问题的历史视野（二题）

136　19世纪末的小说征文比赛

　　　——读《清末时新小说集》

145　一部特立独行之书

　　　——读《晚清的士人与世相》

153 "民史"的写法
　　——读《生逢革命:辛亥前后的政治、社会与人生》

161 史学研究本土化的实践
　　——读《在商言商:政治变局中的江浙商人》

169 地方的解剖术
　　——读《远去的都市:1950年代的上海》

183 附录　访谈:清末民初读书人的转型

文明的痛苦与幸福：
对辛亥革命的一个解读

电影《十月围城》散场在即，敌我双方奋力厮杀，几经缠斗，牺牲了数十条性命后，神秘的中山先生终现真容，说："欲求文明之幸福，不得不经文明之痛苦，这痛苦就叫作革命。"此语的确切出处笔者至今尚未找到，但中山先生在不同场合都表达过类似的话。如推演这些话的内在逻辑，大致是列宁革命论中"为求达到目的，不得不付出代价"的中国版本。因此这套逻辑适合于职业革命家的宣传与鼓动，但比照辛亥革命的历史实态，则有些不相凿枘。

其实辛亥革命得益于"文明之幸福"的地方并不少。若没有电报、火轮船、印刷机、蒸汽机车等技术发明，"日事制造利于革命之新闻"，反满的文章如何四处传播？进而如何让阅报读刊的少年们心痛、肉颤、血枯、泪竭，让"清吏震惊，党人气盛"？若没有清末预备立宪、地方自治等政制改革，张謇、汤寿潜、谭延闿等本该是"国之柱石"的人物又怎能反戈一击，由"各省响应革命"的带头人再变为"民国元勋"？更不用说创建于新政之中的各省、府、州、县学堂培养出的新军、新学生，正是他们与不少毕业速成的留日学生一起直接构成了革命的血肉。胡先骕就回忆说:"辛亥革命之秋,尝见市上有一种极可笑之图画,以张文襄派遣学生出洋为有心颠覆清室张本。"

以上种种呼应了托克维尔的《旧制度与大革命》中一个颇发人深省的观点:革命如何从以往事物中自动产生?从这个意义上说"文明之幸福"正是革命的肇因,而非其结果。

再来看"文明之痛苦"。辛亥革命后的十余年被称为"北洋时代",这个"北洋时代"至今在不少人心目中仍是个中国近代史上的黑暗时代(尽管近年来已有所改观)。在这段时间内既有国体之争的"共和危机",又有边陲思分的民族危机,还有凄苦无告的民生危机。从某个侧面望去"北洋时代"中人确如鲁迅所言,身处铁屋之中,觅不到一扇可以透气的窗。1912年报纸上已有人抱怨:"革命而后,万口同声之所谓共和幸福,盖皆指将来而言,非谓今已有丝毫及于吾民。"梁漱溟之父梁济更是指出:"辛亥革命如果真换得人民安泰……亦可谓变通之举,乃不惟无幸福可言,而且祸害日酷,且不止祸害一时而已。"另有一篇小学生作文里也写道:"十月十日是我们脱离专制的日子,也是中华民国诞生的日子。我们国民虽不曾享到共和的幸福,却已做了共和的国民。"连中山先生自己都承认:"一般平民心理上,多谓革命党从前说的,革命后人民有多少之幸福,不革命有如何的危险,都是一种骗人的话。"

可见经过文明之痛苦,未必就有文明之幸福。我们要继续问的是,这些危机究竟从何而来,与辛亥有怎样的关联?至今在人心中根深蒂固的解释是:如果辛亥革命不软弱、不妥协、够彻底,似乎就能避免上述危机。这里暂且不说不彻底的革命是否就比横扫一切、打倒所有的革命更需要被诟病,就连看似为定论的"不彻底"亦可重新做一番讨论。

辛亥前十余年已是一个变化得太剧烈的年代。比如为士绅的产生画上休止符的科举停废,不少论者就以为其影响要比革命大得多。丁文江在1912年给莫理循的信中感叹:"见到我国的姑娘们用一双天足走在街上,登上有轨电车,坐在餐馆里吃饭……对于像我这样一个深深懂得十年前——仅仅是十年前——那些可怕的清规戒律的人来说,纯属崭新的生活!"从《时报》上广为人引用的"共和政体成,专制政体灭;总统成,皇帝灭;新官制成,旧官制灭;新教育兴,旧教育灭;阳历兴,阴历灭"等一系列"兴灭"现象也能部分看出,清末变革与辛亥革命两相叠加所造成的政治、文化乃至民间习俗的巨大变化。不过这些变化同时也是日后造成危机的根源:军阀的兴起可上溯至清末各地编练的新军;清末从洋务到新政的改革就已少见对"民生"的体恤;清王朝覆灭,一套依据不同族群来区别治理的边疆控制技术亦随之消失等都是显著的例证。

而且变化的"彻底"程度随地域和人群的不同而差异甚大。以袁世凯称帝事论,顾颉刚就注意到当时"一般社会"以袁称帝为"英雄事业","太息其垂成而失"。何以如此?据顾氏分析是因为在这些人的脑海中"世界进化观念没有一毫一乎的存在"。读书人有如此看法,于是就出现了总拿来作"辛亥革命不彻底"证据的阿Q与"柿油党"之类的故事。

可是只要把目光延伸至鲁迅未见的后续历史就会发现,在通常被认为彻底的革命中,"阿Q"们的痕迹也一样不少。比如1949年6月,底层因抗捐而起的民变中会冒出"打倒蒋介石,活捉毛泽东"这样政治极不正确,却很难归因于"反革命分子"煽惑的口号。即使是真正的敌人煽惑,其运用的资源虽不乏"第三次世界大战将至"等新讯息,但亦有相当多的"旧物"。1950年美军在仁川登陆的消息传开,江苏省吴县城墙根就挖出了当年颇为辛亥革命推波助澜的"烧饼歌"歌诀,以证新中国将"亡"。而在"土改"中对贫雇农最具吸引力的除了土地外,还有"宁式床"的诱惑——地主的浮财、底财。可见革命虽然斗转星移,但升斗小民仍是不太理会何为世界进化,何为真正的革命。对他们来说,生活境遇的优劣便是政治好坏的标准,怪力乱神则深深嵌入其日常生活之中。塑造他们,对历次革命的发起者而言就成了一项长远而艰巨的任务。

从辛亥革命的软弱、妥协和不彻底中衍生出来的想象性问题还有很多:它究竟是成功的还是失败的?是什么性质的革命?有无将民主、共和观念深入人心?等等。这些问题背后隐含的是总想把辛亥作为一种革命殊象来讨论的执着。而这种执着从其形成过程看来自于多方持续不断的努力塑造:从日本鼓吹"东亚之孟禄(Monroe)主义"到新文化运动建构自身合法性,从国民党欲勾连民族革命至国民革命的谱系到各党都意图要证明"救中国"者舍我其谁。

上述力量一起将"殊象"的辛亥革命固定化并普及化,且也印证了历史的不断进化中各阶段高低不同的观念有多长久的生命力。其实20世纪中国的三场革命从头至尾相距不过三十八年,"湍急的历史三峡"至今还未漂过,又何必着急将"中国革命"斩件上桌?"欲求文明之幸福,不得不经文明之痛苦"这样的话虽然经不起史实的推敲,却可以提醒我们如何以不同的历史视野来解读辛亥和20世纪中国革命,暂且可称这一视野为中国现代转型。

从此视野看,1911年、1928年、1949年自然都代表着一个旧政权的终结和一个新政权的开始,随之自然有相当程度的历史断裂,但其延续性却一直是被忽视的问题。在笔者看来,这几十年中至少有两种延续性有显著的表现。

第一种是由现代转型之痛苦带来的延续性。现代西方的兴起从不少方面看真的是一个偶然,但当这个偶然一手借坚船利炮、一手借文明的理由而演变成所谓贫弱之国必须要遵从的世界潮流,从个人到国家的痛苦也就从一个个"高贵的谎言"渐渐变幻为人心中貌似真切的东西。从太平天国后的自强运动始,曾国藩、胡林翼、左宗棠、李鸿章、康有为、梁启超、谭嗣同、章太炎、孙中山、宋教仁、毛泽东、蒋介石等重要历史人物都曾以不同的方式搅动过时代。他们之所以能搅动时代,在很大程度上都源自其承受着近代变局所带来的剧痛。可以说无痛苦不会思改革,无痛苦不会求变法,无痛苦不会干革命。正是在巨大的痛苦中,中国的现代转型启动了、推进了,革命的延续性也正包含其中。但只要攫取这段历史中的几个片段,或许会发现这种延续性的另外一面:

19世纪50年代末,正踌躇满志欲灭长毛的胡林翼在长江边驰马,乍见两艘火轮船逆流而上,飞快游弋,中国船舶难望其项背。胡变色不语,回营途中忽大口呕血,几乎坠马。此后每有人与胡谈洋务,他总摇手闭目,神情黯然,叹称:"此非吾辈所能知也。"

1911年10月,辛亥革命起,湖南革命党掘曾文正、左文襄墓;南京革命党拆曾文正祠;上海革命党缠白布于李文忠铜像上,颈下悬牌,曰"满洲奴隶"。革命党机关报《民立报》称章太炎为"近代民族主义伟人",孙中山只是"逸仙先生"。

1927年,蒋介石在南昌总部特别党部成立大会上讲话,说:"当时从事革命工作的同志免不了有许多落伍的,后来甚至有变节的,有反革命的……到了今天,这类落伍的、变节的、反革命的,我们自然不能当他们还是我们的同志。因为他们对于现在革命的潮流,时代的精神,常常处在开倒车、相反对的地位。他们已做了时代的落伍者,不但不革命,他们还要做反革命的事情。既是反革命,我们不仅要排斥他们,而且要以极严厉的手段把他们做我们敌人看待。"

1928年,一个地方读书人看到报上新闻说章太炎因大骂孙中山为反革命而被通缉,不禁感叹:"好谈革命之章氏,亦遭革命之捕,狼虎互噬,无复公理,令人为之一叹!"

1929年,西湖博览会开幕,革命纪念馆展览大量中山遗物,目的是要让观者知道"一部总理革命史,便是全部的中国革命史"。同时观者也会看见,章太炎的"落伍者丑史"正在为"中山遗物"做衬托。

1950年,凡"中正路"皆须改名,殃及"宋教仁公园"。出版物封套出现"黄花岗"即无人购买。

1951年,章太炎夫人谓,章氏与高尔基同年去世,而1949年前上海年年有人为高尔基开纪念会,而无人念及太炎。太炎门人,亦甚少提起。

……

上述人、事、物的命运告诉我们,20世纪中国革命呈现出的是"城头变幻大王旗"的复杂面相。在这些面相背后,革命领袖试图为万千人造命,带领他们向一个宏伟目标前进的理路基本无差,这些宏伟目标的吸引力因上通理想社会之实现、下连安身立命之需要自无与伦比,尤其是对那些处于社会边缘的人群,意义更为重大。1926年5月9日,既是民国新定的一个国耻纪念日,也是革命青年柔石又一个身无分文的日子。他极想喝一碗豆浆而不得,只能以开水充饥,"一时心甚凄楚",但"旋翻克翁(克鲁泡特金)之近世科学和安那其主义一读",则"心颇得慰"。

不过这些目标在具备吸引力的同时,也隐藏着一定的危险,尤其是当"为万千人造命"与中国近代急切、浮躁、激进的时代氛围相结合的那些时刻。辛亥革命已是"欲求文明之幸福,不得不经文明之痛苦",国民革命则演变成"谁要反对我革命,谁就是反革命",再过十几年,曾很"革命"的国民党也拖上了一根长长的"反动派"尾巴。在这一过程中,我们看到的是前人所谋的"幸福"非但对后人所谋的"幸福"毫无裨益,反而成了后人欲除之而后快的"痛苦"。往往当预定的宏伟目标还是海市蜃楼时,早先人们筚路蓝缕做出的努力与建设就被扫进了历史的垃圾堆。

第二种是现代幸福之异化带来的延续性。虽然20世纪中国的不少努力与建设是无用功,但在步履蹒跚中,除了痛苦,她总也享受了些现代转型带来的福祉。不过这些福祉的异化又构成了中国革命的另一种延续性,这种延续性突出表现在两个方面。首先是现代技术。

在晚清士人的想象中,西来的铁路、电报之类能使"远者近之,疏者亲之,缩大地数万里,异种人无弗日近日亲,于是墨子兼爱之学乃可以行"。可事实上,现代技术并未使中国或泰西离"日亲""兼爱"更接近,反而倒是与战争、政治的关系日益密切。尤其自辛亥起,铁路、电报、摄影、照明、电影、广播等都成了中国革命不可或缺的部分。1949 年 10 月 1 日,以中国之大,毛泽东在天安门城楼上用扩音器宣布共和国成立的声音再如何洪亮,能听见的也不过是广场上的数万之众。在此范围之外的人想要迅速得到消息,就必须依靠更多的现代技术。邓之诚就是"夜听广播",知道"毛主席当选中央行政委员会主席,掌声、万岁声雷动"。也有人是在路上买了一份《大公报》,才晓得"毛泽东当选人民政府主席,副主席六人:朱德、刘少奇、宋庆龄、张澜、李济深、高岗,其余政务院委员和人民政协全国委员会委员都已选定了"。

不过,以上例子仅仅说明现代技术对于革命中各类消息且巨、且深、且广的传递效用。其实它们还有更深刻的影响力,因为在激荡的革命年代里人性的恶之面屡屡浮现,造成了不少的黑暗与血污。沈从文即说:"(辛亥)革命印象在我记忆中不能忘记的,却只是关于杀戮那几千无辜农民的几幅颜色鲜明的图画。"再读一读张勋屠南京后亲历者写的《金陵半月记》,反映"二次革命"乱象的《焦溪焚掠记》和茅盾那几本以国民革命为背景的小说,也可对革命的黑暗与血污略窥一二。

虽然恶之面相并不专属于20世纪中国革命,中国历史上从来不少一场战争过后死亡数字惊人的例子。但能把动荡、离乱、邪恶、黑暗与血污转化为正义与邪恶之争、革命与反革命之战,甚至变异为一种歌颂暴力和控制的诗意与美学,却是新技术与革命结合后方能产生的独特现象。1912年,有人在中央公园观看关于辛亥战事的影片后就愤愤指出其"形容北军过甚";而到1949年革命接近功成时,一苏州市民参加完庆祝苏联十月革命的纪念影片展览会后才发现:"往昔吾人身居待解放区,如在瓮中,今见照片恍如梦醒。蒋帮战器非不坚锐,何以不堪一击,终如摧枯拉朽,失地折将哉?盖亦有其故也。照过去战役观之,此后全国解放意料中事。"

其次是塑造"民众"的延续性。这种延续性西方学者已从不同的课题隐约勾勒出几条线索,费约翰(John Fitzgerald)就抓住"Awakening China"这个关节点描述了从清末到国民革命时期各色人等被"唤醒"的进程。魏斐德(Frederic Evans Wakeman)则以"Policing Shanghai"为个案试图展示从清末到1949年国家控制的延续性;此外,华志健(Jeffery Wassarstrom)关于五四的"公共空间剧本"说和裴宜理(Elizabeth Perry)的"中国革命的情感模式"研究也都与此种延续性有密切联系。

简单来说,在20世纪中国革命进程中,塑造"民众"一般有两条路径。第一条路径是公共空间的政治化。辛亥革命时各种提灯、追悼、纪念、欢迎会就已占据了街头、会馆、开放私园等城市公共空间。任鸿隽即说,当时革命烈士追悼会纷至沓来,几乎成了"长日办丧事"。不过与50年代初相比,辛亥革命期间的

"长日办丧事"是小巫见大巫。1951年春,北京开展"镇压反革命运动",大小群众性会议就开了二万九千多次,到会三百三十多万人次。河南临颍一县参加过各种控诉、公审大会的人次数约等于全县人口的两倍,有些人甚至参加过五次以上的会议!而在抗美援朝动员中,"会"即有报告会、控诉会、片儿会、院会、晚会、联欢会等,宣传更是以书报、电影、戏剧、展览、广播、歌曲、幻灯、橱窗等多种形式遍地开花。

第二条路径是除旧布新的运动,像反对迷信、打压私塾、控制宗教等都是从清末延续到20世纪50年代,未曾间断。这两条路径对如今为人所乐道的"state-building"或曰"现代国家政权建设"而言自然是极大的福音,但对个体的启蒙,却又是另一个过程。

传统王朝时代百姓凿井而饮,耕田而食,不识不知,顺帝之则。到了九死一生之时方起"顺乎天应乎人"式的革命。辛亥革命之所以与以往的改朝换代不同,从表面上看是打落了皇冠,但实际上是"文字收功"。从这个意义上说革命与启蒙之间曾经并不遥远。如果不狭隘地把辛亥革命仅仅视为1911年几个月内的鼎革事件,清末民初"塑造共和国民"的进程在相当程度上带有启蒙的意义。当时的意识形态看似是革命压倒了改良,但底色却基本被梁启超等所浸染。《新民丛报》足可写一部关于"启蒙生意"的阅读消费史,《民报》却可能连材料都付之阙如。而因前述的将辛亥革命殊象化的问题,我们常常低估了其在这一方面的作用。

可是由于历史的因缘际会,清末民初的新思想虽具有"混成多元"的特点,但在后世更多凸现的仍是对富强的渴望、对国家的崇拜和对集体之善的追求。因此向苏联取过经的国民党能战胜"军阀",将马克思主义中国化了的共产党又比国民党更占先机。曾深受梁启超影响的吕思勉在"三反"思想小结中就说,原先认为爱国爱民族与大同之义龃龉,但得马列主义方知"乃得平行而不悖"。这未必是他的由衷之言,却仍可看出些许1949年革命与先前启蒙间的联系。不过这种联系或许只见于吕思勉、顾颉刚、叶圣陶等少数从辛亥一路走来之人,解放区中"新人"们的知识系统在几经淘洗后已无关辛亥,亦不及五四,而是由"革命""反革命""美帝""蒋匪""地主""富农""旧中国""新中国"等词构成。像上海解放后不久,曾经的五四青年夏衍在宣传部和文化局的科级干部中搞过一次常识测验,结果令其瞠目结舌。连"五四运动发生于哪一年"这样的问题,答对的也寥寥无几,更无论其他,可见革命与启蒙之间的联系变成了明日黄花。对工农干部们而言五四是什么根本不重要,如何依靠组织,怎样发动群众,成功去完成"一个阶级推翻另一个阶级的暴烈行动"才是他们必须要懂得的"常识"。而这套"常识"的大规模拓展、操演一方面使此类话语真正深入人心,做到了"一想到地主,就想到蒋帮,就想到日本赤佬,就想到美国赤佬";另一方面也让原先只知道"乐岁终身饱,凶年免于死亡"的升斗小民在一次又一次的集体狂欢中获得无与伦比的翻身感与归属感。他们看见的是报头、张贴画和宣传品上那一行叫人无限神往的大字——"永远的幸福"。

宣统三年的读经"攻防战"

1925年末,北洋政府教育总长章士钊力主复古,不仅办《甲寅周刊》着力倡导之,更在10月30日部议,决定小学读经,中学废止国语。为阻止此案实施,"新文化"诸公之一——黎锦熙撰写了《为反对设"读经科"及中学废止国语事上教育总长呈文》交教育部,但因11月28日"倒章运动"后章士钊去职而未公布。

这篇呈文虽然未能公布,但黎锦熙对此文应该是相当重视,不仅把它作为《1925年国语界"防御战"纪略》(以下简称《"防御战"纪略》)一文的部分内容发表在《国语周刊》上,后来又将它收录在1934年出版的《国语运动史纲》中。另外《"防御战"纪略》一文还被著名教育人士舒新城编入流布广泛的《近代中国教育史料》里,同时其部分内容则被舒氏写入《民国十四年中国教育指南》一书。因此,这篇看似未能"公布"的呈文实对"国语运动"和"反对读经"的历史记忆形成影响甚大。但也正因为此文的出炉是为了与"非国语"和"倡读经"进行"作战",所以其回溯的历史就有颇多令人生疑之处,比如对宣统三年(1911年)中央教育会会议上发生的那场小学是否需要"读经"的争论。

在黎锦熙笔下,当时的情形是:"小学课程列入读经,原于清末变法,科举与学校递嬗之际,旧日功令,未容多所更张。其时全国学界倡言废除,中央教育会议已有严切之提案。"

这段话如果套用邓之诚谈民国史事的话来说,乃"非不实也,果细究之,不唯事情曲折,无此单简,甚且有与事实相反者。异代之后,谓之为信史不可也,谓之为非信史亦不可也"。换言之,黎氏文章所呈现的历史面相过于清晰和简单,属于历史记忆中的"半神话"。"全国学界"为谁?"严切之提案"内容如何?有无反对声音?实施没有?这些问题均被他一笔带过,随后紧接一句"民国初建,南京临时政府首即布告废止读经"来宣告此事尘埃落定,今后袁世凯、章士钊之流充其量不过是一次次掀起"复古逆流"而已。难道在"废止读经"的道路上一切就那么"顺理成章"吗?回看各种材料,显然不是这样的。

首先"全国学界"云云即可能是一幻象,这个"全国学界"大约只包括商务印书馆和《时报》《教育杂志》《东方杂志》等出版机构和报刊的编者、作者、一部分读者,大概还可扩展至江苏省教育会、预备立宪公会等趋新社团的主要成员。这一网络中很大一部分人是科举出身,且功名还不低,但他们却着力于对中小学校读经不断提出异议。光绪三十年(1904年)《时报》上有人评议《奏定小学堂章程》时就提出要"毅然删去讲经读经一科"。光绪三十一年(1905年)张元济也似忘了其发蒙读经的往事,在《教育世界》上提出"勿滥读四书五经",因为此时在他看来,"往圣大义微言,髫龀之子,讵能解悟?强令诵习,徒耗丧脑力而已"。此后顾实、蒋维乔、庄俞、黄炎培等人相比张元济抱持的"勿滥读"态度更为决绝。庄俞在《教育杂志》上就直接撰文追问:"所异者,(小学堂)必强列读经讲经一科,不知何解。"黄炎培则有更奇特的逻辑,他在视察昆山小学的报告中表扬教员讲经"极清晰",然后却说他由此愈发感到"全讲经文断非小学教科所宜"。

时间到了宣统三年的夏天,学部召集各省与教育关涉较多的官绅参加中央教育会会议。诸多力主"废经"的人物如张元济、黄炎培、陆费逵等或预备主持,或前往参会,或乘兴旁听,纷纷从上海赶往北京。从他们准备的提案内容看,应是打算将多年来积储的意见通过此次会议一举付诸实施。当时在京的常熟士人徐兆玮就在日记里说:"近中央教育会正在大张旗鼓,一军国民教育,一停止奖励,皆志在必行。"

不过真到了开会之时,"志在必行"的种种其实推进得并不顺利。中央教育会究其性质为清廷学部特设的谘议机构,但开会之初,学部中人与各省所派会员已俨然分为两派,各省派来的人员"结为一体,专与学部人员反对"。黄炎培日记中就说:"学部人员跋扈已极!"

除了与"顽固司员""政客""旧学家"等学部一系的矛盾外,各省所派会员间亦极不相能,经常是"凡议一事⋯⋯有南北之见存焉。南人所倡,北人非之。北人所计,南人破之"。而且中央教育会的会长是来自江苏的张謇,会员又以江苏人为多,由此,"各省会员中,唯江苏人目空一切,自视甚高,对各省人皆有鄙不屑视之意"。

正是在此种氛围中,各方在开会时往往争执激烈,特别是在讨论国库补助小学经费、义务教育章程、军国民教育(学堂实弹打靶)和国语统一等案时龃龉尤多,其中更以变通小学堂读经讲经各案为甚。这些提案看其内容或可见黎锦熙所说的"严切",但"严切"之内容引发的可不是一片呼应,而是会场上的"争论甚剧""争议甚烈"和"新旧之争尤烈",诸君且来看:

宣统三年闰六月十五日,中央教育会召开第十四次会议,讨论初等小学不设读经讲经案。倡案者直隶第一初级师范学堂监督胡家祺先登台说明初等小学废止读经的理由,四川代表吴季昌随即对此案表示反对。同时亦有代表认为应由学部编定"经"之节本供小学讲读,意见从会议一开始就已然分成三派。

……

当天会议的高潮出现。曾任京师大学堂教习的林传甲登台演说,提出"此项功课万不可废。日本、俄国、西洋均研究中国经书。中国竟废去,是废经叛孔,是丧失国粹",且"大声疾呼,痛哭流涕,击案顿足,经一句钟之久"。与会人员皆叱责之,而林氏犹不止,导致会场秩序大乱。主持会议的张元济无奈宣布暂时休会。

到上午十一点钟,代表重新入场讨论。张元济向众人提出"适间秩序大乱,未免可惜,会场言论本属自由,但望诸君于范围内讨论真理",并嘱咐办事官宣读会议规则,请众人遵守。随后"废经"一方的健将黄炎培登台反击,提出小学之读经不能不废,无论从教育考虑还是从保存国粹出发,此项功课均属无益。《教育杂志》的主要作者之一、上海龙门师范的中坚人物——贾丰臻则针对林传甲所言回应说,外国无经学,不能以外国章程论。况且从《大学》的朱子序看,小学至大学皆有层次,亦未言小学即须读经讲经。只是因为明代以来注重科举,始以读经讲经为主要。曾做过南京陆师学堂国文教习、"催泪示阻"章士钊退学的马晋义和学部代表陈宝泉则都以为,此案并非废经,不过因儿童之心理,讲读无用,故有此议。但就社会心理来说,遽然废止恐于学务上有碍,或许变通之,改为小学第三年来读讲较为切合实际……众说纷纭后,张元济因此案重要,决定用无记名投票表决,结果八十一人支持五十四人反对,议案得以通过,"废经"一方首战告捷。

第二天(闰六月十六日)的第十六次会议上,"废经"一方乘胜追击,提出"高小及中学读经讲经案",却未获通过,铩羽而归。参会的孙雄(师郑)在给徐兆玮的信中写道:"(会议现场)弟宣读景庙时圣训(关于读经讲经者)二道,感动人心,中学及高小读经课程遂得保存,彼党于表决时大为失败。"

至闰六月二十日,中央教育会闭幕,但读经"攻防战"的硝烟却并未散去,主要"战场"由会场转移到了报刊。《刍言报》就直指写弹劾"中央教育会通过小学堂废读经"奏章的刘廷琛为"逞奸"。而宣读圣训的孙雄则意识到将有"报纸訾我",果然"废经"一方的报刊对孙氏大加挞伐。陆费逵在《教育杂志》上撰文直接点林传甲和孙雄之名说:"林传甲痛哭流涕,以为亡国举动。孙雄袖上谕读之,以为钳制人口之计,可笑亦可怜矣!"在陆费氏看来,"诸君竞言尊经",但并不懂得"尊之之道","夫粱肉非味之至美者欤?然以饲婴儿,则适足以戕其生。初小之不读经,岂谓经之不美乎,亦以儿童读而不解耳。况各经之中,皆有精义,与其专读一经,食而不化,何如选择各经之精华,分别浅深,配列高中小各学年,令其能读能解"。

这是一套清末以来趋新读书人惯用的"取其精华,去其糟粕"的"优取劣去"哲学,殊不知天下基本没有这样的好事。同时他们还有一套积弊和危局逼迫出的"变法"哲学:"若谓上谕为永不可变,则祖宗之法可不变,科举可不停,学堂可不兴,学子日讨生活于五经四书足矣。何必言教育,更何必开中央教育会也。"

正是在"优取劣去"哲学和"变法"哲学的支撑下,"废经"一方在此次读经攻防战中显得很占优势。汪诒年就发现在随后出版的中央教育会会议录中,其兄汪康年和严复等提倡读经的言论均未载,可见辑录时"有所删削"。罗振玉则回忆:"予抗议于教育会后,侍郎于文和公(式枚)至予家,言君执义不回,至为敬佩。然彼党凶焰方张,其势力已成,抗之无益。彼党已憾君甚,请勿再撄其锋以蹈危险,方今同志甚少,幸留此身以有待。"

不过"彼党"虽势焰方张,但其在舆论上的霸蛮作风也让不少旁观者对他们有所私议和腹诽。徐兆玮在日记里就不点名地回应陆费逵说:"师郑(孙雄)抗议高等小学及中学废止读经,真可钦佩。而各报馆訾嗷不已,甘为张季直之走狗,何谓舆论,直主笔胡说耳!师郑之为此,不敢谓其无所依傍,然其言则天下之公言也。"

究竟谁说的才是"公言",在清末"道出于二"的年代里或许早已没有了标准答案。但这场围绕着中央教育会会议而开展的读经"攻防战"至少没有黎锦熙笔下所说的那样"顺理成章",而是有其曲折繁复的历史面相。这些面相简单来说,一是对此次会议的即时观感,二则关乎"读经"背后的权势争夺。

就即时观感而言,局中人或都不会对会议的过程和结果感到满意。作为"卫经"一方的林传甲和孙雄,其行动明显不合严肃会场应有之规则,甚至可以说是流于荒唐。不过若能了解他们采取如此行动时所背负的压力,或可稍稍体会这种荒唐行动背后的无奈和苍凉。1920年,此时距离中央教育会开会已有九年之久,孙雄对当年往事仍念念不忘,他在自著的《读经救国论》序言中说:"光宣之交,振兴学校,醉心于欧化者,竞倡废止读经之说,不佞……悄然忧之,以为亡国之朕,曾于宣统三年六月中央教育会苦口力争。彼时强者怒于言,弱者怒于色,咸以不识时务嗤之。"这里的"竞倡""亡国""苦口力争""不识时务""咸嗤之"等语,无一不在说明"卫经"一方从清末开始即感受到的强大压力和对于强大压力的反弹情绪。

"卫经"一方倍感传统之式微和反拨之无力,"废经"一方的日子也并不好过。以张元济为例,我们透过其"战友"黄炎培的日记看去,常能发现"张副会长大窘""张副会长气大馁"等丧气情形。汪荣宝则说,中央教育会末次会议讨论未议决各件,"颇不得要领"。张元济自己也在写给张謇的信中说:"(中央教育会)言论庞杂,费时尤甚。故至闭会时所议决者仅十有八案,而未及开议者尚有四十七案之多。弟因应无方,致负委托,唯有引咎辞职而已。"同时黄炎培也向汪康年表示自己"连日到会,并不劳顿,但毫无归束,心志渐懒"。

"卫经"与"废经"的局中人各困其所困,而不了解内情的局外人则只能看到双方的荒唐行动和拙劣"表演",进而对两方皆无好感。如《申报》记者就认为,此次开会代表"各怀私意不顾大局,甚至彼此谩骂,大肆咆哮。会长既无禁阻之方法,旁人亦乏和解之能力,遂至议场规律荡然无存。以视粉墨登台之剧场犹不及焉",实在是"一场胡闹"! 足见这次读经攻防战是一场并没有真正"胜利者"的战争。

就"读经"背后的权势争夺而言,正如罗志田所说,"经典的消逝"是近代中国的一个根本性变化。不过在让"经典消逝"的过程中,"废经"和"卫经"各方在台前幕后的种种"作为"却仍是一个并未完结的话题。尤其是在长久以来的历史记忆中,"废经"的声音太过响亮,以至于其在从新求变的历史大叙述里具有绝对的优势,而提倡"废经"的人物的形象也在这些一边倒的声音中得到了充分美化。宣统元年(1909年)一位读书人观察关于谘议局的争论时已发现,与张謇等趋新领袖不和不睦之人所写的文章,上海各报就直接以"不收不录"封杀之。此人不禁感慨"以沪报目下联合无互相反对者",实在是"阅之乏味"!

不过时至今日,只要有心发掘,这些"幕后之作为"仍是可以隐约发现的。以本文主题而言,黎锦熙为何在《"防御战"纪略》中将上海出版界之健儿如张元济、陆费逵、汪原放、沈知方等视为其"第二道防线",并且认为防线"总司令"应从他们中间选出? 舒新城又为何特地要将黎氏文章编入《近代中国教育史料》,并将部分内容写入《民国十四年中国教育指南》一书? 这些看似无奇的叙述和平淡的选编背后其实都有历史和现实的深意存焉。限于篇幅,这里只谈舒新城。

1925年,舒新城为编选《近代中国教育史料》曾不断向在教育部工作的黎锦熙求助,因为他是教育部国语统一筹备委员会委员,可谓来头甚大,能量不小。虽然黎氏未能提供给舒新城什么特别的材料,但从信件往来看,两人对待"废经"的态度极其一致,而且舒氏要更为激烈。他直接把阻止废经定义为"逆时代潮流之反动",甚至在给黎锦熙的信中说:"近来因北京的朋友们大谈读经,买得一部《读经救国论》,而一字一字地读过,我觉得而且极盼望此时有位不客气的秦始皇把今日以前之一切古书与古儒焚而坑之才愉快!"

舒氏的"盼望"让笔者倒抽一口凉气之余,不禁想起周作人在光绪二十八年(1902年)所写的一首《焚书》诗,云:

> 焚书未尽秦皇死,复壁犹存哲士悲。
> 举世惟知珍腐鼠,穷经毕竟负须糜。
> 文章自古无真理,典籍于今多丏词。
> 学界茫茫谁革命,仰天长啸酒酣时。

写完这首诗后,当时周作人尚要略做解释说:"余尝恨秦皇不再,并非过论,同志之士,想亦为然。当不见斥为丧心病狂,然即斥为丧心病狂,亦余所不辞者也。"而几十年后舒新城已无意为自己的"杀气腾腾"之言做任何辩解,为"废经"能说到"文章自古无真理",进而急切召唤始皇重生来焚书坑儒。

而为"卫经"要求焚书的情形似也不遑多让。1921年唐文治就已沉痛地说:"秦时之书焚于有形,而今世之书则焚于无形。秦时之儒坑于可见,而今世之儒则坑于不可见。"前清御史赵炳

麟作《驴鸣·诛文妖》诗云:

> 驴鸣驴鸣何莘莘,文妖树帜矜奇新。
> 可怜太学芝兰种,随风化为荆与榛。
> 君不见,飞卿湖阴句读乱,于湖作曲存其真。
> 又不见,八代文章体渐漓,昌黎奋起复清纯。
> 何况既无句读又无体,立言制行乖人伦。
> 愿借始皇坑一万,坑驴尽作劫灰尘。

温州的一个地方读书人也写过一首类似的五言诗,道:

> 俚言当学说,谣谚师村民。
> 青年饮狂药,敬礼比河汾。
> 校校皆读此,声势哄如狺。
> 恨不遇秦皇,尽付烈炬焚。
> 永无谬种传,庶可慰苍旻。

"废经"抑或"卫经"何以至此?宣统三年的读经"攻防战"或许已告诉了我们一些答案。

"共和"的通俗化：
清末民初的"新"三字经

1904年，《国民日日报》上发表了一篇名为《近四十年世风之变态》的社论，它将19世纪60年代以来中国的世风嬗蜕划分成六个阶段，即《格致汇编》之世风、《经世文续编》之世风、《盛世危言》之世风、《时务报》之世风、《清议报》之世风与《新民丛报》之世风。撇开作者从革命党立场出发对上述书报的冷嘲热讽不谈，以一段时期内的流行热读之书报为重心来定位"世风之变"，正印证了中国走向现代进程中的一大特点，即总是以"先进"的思想来搅动"不那么先进"的社会。因此，造就"亚洲第一共和国"的辛亥革命亦在很大程度上肇端、壮大于种种新思想带来的"狂飙飓风"。袁世凯在1912年清帝逊位前夕上《辞侯爵奏疏》就感叹："人心由学说而定，莫可挽回者！"不过袁氏之言如参照通行的辛亥历史解释学，会让人产生疑惑：既然人心已由"学说"而定，何以不少人会认为辛亥革命并未让民主、共和观念深入人心？此类看法在时人的材料中也能得到支持。如陈警天在给孙中山的公呈中就以为："今日所谓共和、平等、自由者……非有真革命之资格、学识，不能知此，而下流社会更无论也。即本会同盟者,一时风声所及,何止数十万千,其于此义了了者实居少数。"

其实说民主、共和观念深入人心与否,取决于作史者在哪个群类中进行考察和其对"深入人心"标准的设定。目前稍让人遗憾的是这类考察不少仍流于泛泛之论,而较少细致地去分析辛亥前后民主、共和观念传播的渠道有哪些,载体为何,以何种方式呈现,传播的广度和深度怎样等问题。本文就希望以笔者搜集的一些"新"三字经和其他相关材料来做一个简单的讨论。

三字经是传统王朝时代的学童开蒙读物,所谓:"编成短句告童蒙,断玉裁金体亦工。孝弟倘能严出入,见闻何必诩淹通。礼经未解文先后,鲁史安知传异同。若论三余勤诵读,岁阑恰好毕农功。"无疑,三字经可视为儒学社会理想和意识形态传播的一个基础。

不过作为文化载体,它也是一开放平台,既可以往里填充全新的思想内容,亦可为新思想的普及提供容易被大众接受的呈现方式。像太平天国就专门颁布过宣扬其"洋教"理念的三字经,在清末此起彼伏的教案中亦有不少反洋教的三字经颇引人注目。而辛亥前后出现的多种"新"三字经,它们的特色可概括为使"共和"通俗化,形成这一特色的起点则在于时人国家观念的巨大变化。

明清时代的中国自视为"天朝上国",对内皇帝秉承天命,一姓王朝与国家二位一体;对外则希望做天下共主,四夷归化。若四夷不愿归化,亦相安无事,并不讨而伐之。但"夷夏之辨"在人心中却是根深蒂固。

进入近代，在列强环伺的炮声中，旧的"夷夏之辨"渐渐转化为另一种新的"夷夏之辨"，即视中国为野蛮，视西方为文明。庚子后中国的"由夏入夷"在人心中几乎成了颠扑不破之公理。此时不仅是那些思想家和精英要重新界定"夷夏"以获得这个"世界"的准入证，时人也普遍产生了重新认识中国和西方的冲动。但那时真正能海舶至东西两洋考察的幸运儿不多，大多数人仍是靠着传闻、文字和图画来建构其脑海中的另一个"中国"与另一个"泰西"。那么这些传闻、文字和图画是从何处生产的呢？最初的源头就是新书报。

以曾改变"世风"的《新民丛报》为例。其第四号开篇即是《新民说》第六节"论国家思想"，第二篇为说专制、说立君、说共和政体的《法理学大家孟德斯鸠之学说》，第三篇为《论民族竞争之大势》。三篇论说之后，传记栏为《匈牙利爱国者葛苏士传》，地理栏为谈欧洲诸国何以强、亚洲诸国何以弱的《亚洲地理大势论》，这些文章均赫赫然署名"中国之新民"！再看《新民丛报》第五号上刊登的广智书局广告，映入读者眼中的满是这样的书：《日本维新三十年史》《政治学上卷——国家编》《政治学中卷——宪法编》《十九世纪末世界之政治》《再版现今世界大势论》《再版万国宪法志》《中国魂》《国家学纲领》《国际公法志》《中国商务志》《东亚将来大势论》《中国文明小史》《中国财政纪略》《再版扬子江流域现势论》《新撰日本历史问答》《再版埃及近世史》《东亚各港志》《明治政党小史》《外国地理问答》《国宪泛论》《英国宪法史》《群学》《万国官制志》《万国选举志》《万国商务志》《泰西史教科书》《暗射世界大地图》《中外方舆全图》《实测精密东亚新地图》《东亚三国地图》……

值得注意的是,上述文章和书籍虽然代表着新知与时髦,阅读者不在少数,但对于很大一批读书人,尤其是那些身处内地、半旧不新、基本只会做八股制艺的读书人来说,还是太过艰深了,更遑论稍识得几个字或目不识丁之辈。加上《新民丛报》等虽然在清末已累计销售十万册以上,但也存在几个传播上的瓶颈:首先它经常被列入清廷的书报查禁名单;其次它价格昂贵,周作人即称《新民丛报》"每年洋五元,书极好而价巨,力不能胜"。因此新书报里的现代国家观念就需要改头换面,由深入浅、由难到易方能找到更进一步流布的孔道。这些孔道大概有三个:

第一是利用功名的吸引力,通过科举考试的参考书如《中外策问大观》《中外时务策问类编大成》《中西时务策学大全》《万国时务策学大全》等来传递。张恨水即说,在清末他很想向"新的路上走",但"新书"能到内地去的无非是《新议论策选》之类。

第二是在官方牵头编纂的《国民必读》《国民读本》《简易识字课本》等书中整合杂糅不少新书报里的内容。

第三则是各类出版机构通过改编白话、书写韵文、作"新"三字经等以通俗的方式传播。《西学训蒙三字经》中就说:

测坤舆,名地球,亚细亚,在震方,曰日本,曰朝鲜,曰越南,曰缅甸,俄罗斯,跨欧亚,越西藏,即印度,东南洋,多岛夷,有大岛,曰婆罗,南北极,分五洲,我中国,诞圣王,隔瀛海,居东偏,曰暹罗,比郡县,毗华边,思逞霸,归英辖,纳贡赋,如列星,如布棋,英市埠,新加坡,若陆地,有回疆,迤西地,与土临,欧罗巴,称泰西,意大利,古强邦,地广汉,俄与土,俄日辟,土日蹙,英吉利,只三岛,法兰西,对海港,法之都,名巴黎,德意志,合众成……

《时务三字经》里则说:

今天下,五大洲,东与西,两半球,亚细亚,欧罗巴,澳大利,阿非加,美利驾,分南北,穿地心……地球上,国千百,多通商,来中国,英吉利,佛兰西,德意志,俄罗斯,意大利,米利坚,西班牙,比利时,葡萄牙,奥地利,曰日本,曰巴西,曰秘鲁,曰荷兰,曰挪威,曰瑞典,曰丹马,国十七,皆通商,有条约,万国齐,公法立,我不入,悔莫及……

从上面两部"新"三字经的内容中我们不难发现,它用最简单的形式为读者展现了一个不同于以往"天朝上国"世界的"万国公法"世界的存在。《时务三字经》更是利用图画呈现、中日文参照、以"浅近时务书报"为招徕等多种方法来灌输一些作为时代底色的东西:

朝廷上,图自强,谋之久,听我详,林文忠,魏默深,海国志,苦用心,识时者,恭亲王,贤满相,文公祥,同文馆,译署旁,语言习,文字详,曾文正,左文襄,沈文肃,郭侍郎,创船政,遣出洋,罪言著,海军张,继起者,曾劼刚,薛叔耘,俱早亡,今新政,惩前侮,改外部,议政务,废时文,罢武举,实学重,人才裕……论西法,首算学,勾股开,八线熟,凡格致,皆当习,曰天文,曰地质,曰化气,曰种植,曰制造,曰医术,曰光学,曰重学,曰电学,曰法学,门径分,业贵专,子孙继,功自全,洋人兴,学堂多,富出赀,贫附他,验照领,衣食途,不由此,为饿夫,今书院,改学堂,名虽异,业毋荒,将为士,舍八股,明经术,达时务,将为农,勤树艺,法取新,利五倍,将为工,制造精,能专利,海外行……设学堂,振新纲,凡私塾,宜改良,教科书,定津梁……东三省,被侵吞,五大臣,派出洋,我圣王,痛旧章,政制疲,拟立宪,我华众,合群力,抵美约,国威震,丙午起,罢科举,有志士,学成材,图仕进,在学堂,佳子弟,诵此经,书册多,更求精,不仇教,明大义,通西学,近周礼,西法善,我宜求,鸦片毒,我宜改,言之浅,理则公,愿持此,告蒙童。

这些"新"三字经从表面上看说的是历史、时事和时务,但从它的遣词造句、褒贬分野和情感趋向上看,实际上说的是对西方的倾慕、富强的好处、改革的必要与进化的公理。正是在这些要素的支撑下,现代国家成为人心中新的至高存在,它超越了天命、皇权,动摇了已传承数千年的礼乐制度,对清廷统治的合法性打击尤大。正如《猛回头》中"文明种"一节所说:

"国民教育"四字,换言之即是国家主义。不论做君的,做官的,做百姓的,都要时时刻刻以替国家出力为心,不可仅顾一己。倘若做皇帝的,做官府的,实于国家不利,做百姓的即要行那国民的权利,把那皇帝官府杀了,另建一个好好的政府,这才算尽了国民的责任。

这样的观念在各类"新"三字经、白话小说、"时调唱歌"中会变化出种种形象的比喻。有的将国家比作一只船,皇帝是舵工,官府是水手,百姓是出资本的东家。船若不好,不但舵工水手要着急,东家愈加要着急。倘若舵工水手不能办事,东家一定要把这些舵工水手换了,另用一班人,断没有袖手旁观,不管那船的好坏,任那舵工水手胡乱行驶的道理。

有的说,国家是公产,不是皇帝一家的产业。有人侵占我的国家,即是侵占我的产业;有人盗卖我的国家,即是盗卖我的产业——一定要奋起反抗,保护产业。

有的说,照卢梭的《民约论》讲起来,先有人民,渐渐合并遂成国家。因此国家如公司,国民如股东,皇帝如总办,官员如司事。总办、司事都要尽心为股东出力。司事有不是之处,总办应治他的罪;总办有亏负公司的事,做司事的应告知股东,另换一个;倘司事与总办联手作弊,各股东有纠正总办、司事的权力。如股东听任他们胡为,是放弃了股东的责任,失了做股东的资格。

在清末外人横行、利权流失、国穷民困、瓜分阴影日重的当口,这些比喻越深入人心,时人对清廷统治的质疑也就越大。刘文典在 1920 年反思往事时就说,当时曾天真地以为:"中国贫弱到这样,全怪那些满洲人作祟。若是把满洲人杀尽了,国家自然而然就好起来了,政治自然也清明了,生计自然也充裕了,内忧外患自然都没有了。"

正是有了清廷不适合建设现代国家所以要推而倒之的思想,满人原已被淡忘于二百余年绵长时光中的"嘉定三屠""扬州十日"等"血污原罪"才被重新提起和放大。也正是有了中国要顺应时代潮流进化为世界强国、不再落后挨打的迫切愿望,清廷的"预备立宪"才显得太过缓慢、不可等待,甚至因中央收权而被不少人指作彻底的骗局。其实很多时人不是不知道,他们所艳羡的"由岛夷而变强国"的日本正是通过强力中央集权的方式来推进现代化的。由此,富强思潮与排满之声在清王朝最后几年汇合至一处。共和、革命、民权、民主等概念获得了前所未有的正当性而被接受。与之形成对照,帝王、奴隶、专制、鞑子等字眼则变为一个又一个恶谥被加诸清廷,由此终于有了辛亥年八月的"文字收功日,全球革命潮"。在这"革命潮"中又有一些更"新"的三字经应运而生:

民之初,性本善,汉相近,满相远,苟不服,民乃迁,服之道,法以专,昔满奴,在京都,杀汉人,血流杵,洪秀全,有义方,交四柱,名俱扬,清不灭,曾彭过,汉不兴,左李堕,喜功名,为奴隶,乐战事,弑兄弟,观同胞,欲起义,讲革命,颇有理,徐锡麟,创首席,杀恩铭,好胆识,去演说,开会议,男与女,结团体,顺乎天,应乎人,建吾旗,磨吾刀,毋退步,毋中立,排满人,复汉民,一传十,十传百,百传千,千传万,清朝者,满洲人,中国者,大汉根,腐败去,良善存,名至正,言至顺,章炳麟,与邹容,革命军,起不穷,曰安徽,曰广东,新运起,始舆中,曰钦廉,舆西土,屡起旗,不计数,曰云南,共信行,至文明,昭公论,曰精卫,字季新,炸载沣,大伟人,被监禁,最伤心,我同志,少知音,曰觉罗,曰爱亲,满洲子,满洲孙,窃神器,据北京,由顺治,至康雍,乾嘉道,与咸同,光绪继,宣统终,共十世,气运穷,保皇党,假名实,乱杀人,主抢夺,立宪者,必有初,奏皇帝,万言书,讲变政,好多篇,群弟子,乱胡言,荣与端,正用事,康同梁,未曾死,可怜者,林旭等,斩于市,好伤心,累大僚,信莲英,立傅俊,庇拳民,敲民膏,吸民髓,供玩好,养国蠹,偿兵费,赔教案,用去钱,乃好算,做代表,乃宪子,求国会,真无耻,摄政王,名载沣,假立宪,称得意,我汉人,须早计,民与兵,共一体,曰中兴,曰总汇,开笔战,讲文字,丛报亡,民报作,寓褒贬,别善恶,创排满,有洪杨,石达开,与钱江,李秀成,好汉子,打江南,真本事,攻北京,林凤翔,起广东,陈金刚,好男儿,决敢死,复国仇,雪国耻,克南京,做皇帝,号太平,兴汉世,改满妆,复古制,北有韦,东有杨,封功臣,称两王,秀全殁,失华夏,十三载,迁下社,曾国藩,有才略,服满奴,做功臣,若彭左,更累坠,杀同胞,扶异类,若李张,专制强,抑华国,实堪伤,昔秦民,兴中土,筑长城,驱胡虏,高祖兴,汉业建,定中华,夷狄贬,至宋朝,辽金横,运数蹇,神器焚,我大明,朱太祖,灭胡元,定中土,刘伯温,卖灵符,中秋节,把汉扶,迨明季,国祚弱,诸汉奸,引贼达,吴三桂,和满奴,盗中国,窃皇都,史可法,黄道周,称忠烈,皆有由,郑成功,有立志,守台湾,轰顺治,嘉定城,杀三次,闹扬州,十日事,孙逸仙,复汉仇,行革命,灭满洲,武昌起,黎元洪,与黄兴,汤化龙,此三士,真英雄,转瞬间,天下从,民主立,大总统,共和国,运不穷,读史者,考实录,记国仇,分种族,刺伊藤,安重根,韦烈士,是韩人,彼小国,有英雄,我汉人,岂不同,据法国,黄提参,举义师,起安南,彼弱国,尚有人,愧同胞,作满民,苏菲亚,炸俄皇,大名誉,万年芳,彼女子,人称奇,尔男子,愧须眉,拿破仑,华盛顿,革命成,真正顺,我同胞,勉而致。

这部《共和新三字经》中虽然也谈到"共和国"与"民主立",但其核心内容是"排满",在"排满"叙述中最凸显的是一套几百乃至上千年"汉人不服满人"的历史记忆建构。如果说孙中山在祭奠明孝陵时所宣读的《大总统谒陵文》还只是以"昔宋政不纲,辽元乘运扰乱中夏"开篇的话,《共和新三字经》直接将历史发生的时刻定格在了"昔秦民,兴中土,筑长城,驱胡虏"上。在这部"反胡虏"的"历史巨著"中,明季忠烈、太平豪杰和革命烈士都榜上有名,形成了连绵不绝的"振大汉之天声"的英雄谱系。"汉奸"吴三桂、曾国藩、左宗棠、彭玉麟、李鸿章等也作为反胡虏"英雄"的对立面屡屡被提及,其目的显而易见是要让他们助纣为虐的"丑史"人神共愤之,天地共讨之。

在"排满"的主调之外,《共和新三字经》基本是个新旧杂糅的读物。它既会搬出源远流长的"革命"之旧义即"顺乎天、应乎人"的古老说法,又会提及华盛顿、拿破仑、安重根、苏菲亚等"革命党"和"保皇派"都崇拜的泰西、泰东人物。更重要的是,它似乎没有注意到其叙述中有一个逻辑缺环:如果共和与专制是对立的、水火不容的,那么所谓"秦民""汉业""宋朝""大明"等就都是与"满清"一样的"服之道、法以专"的"专制王朝";既然同为"专制王朝",何以在历史评价上厚此薄彼如斯?由此,有时人就提出这样的疑问:

> 明祖专制之君也。今中山主共和之政体,祭之何为?
> 苟诚以共和为职志者,对于极端专制之帝王如明太祖者,方将痛恶之不暇。乃于民国初创之际,而施以重大之荣典。果何为乎?

这些疑问揭示了"排满"作为一种动员方式,在清廷倾覆后已不再那么有效。但是建设强大的新国家却是清末以来的持续性主题。因此更多"新"三字经的内容会跳出"排满"的框架,指向一个以民主、民权为核心,以五族联合为基础的"大共和"观念。比如《绘图中华国民必读三字经》中就有"我中华,民主国,黄龙旗,变五色,汉满蒙,回藏人,大共和,气象新,无贵贱,无亲疏,大平等,阶级除"等语。而《绘图增注中华民国共和唱歌诗》开篇即为:"尧舜官天下,求贤辑让传。四千年进化,今日重民权。"注解则说:"历代相传至前清为家天下,为君主国。四千年来至今日始成民主国,民权特重!"

上述"新"三字经从阅读者的体验来看文字简明,朗朗上口,本薄句短,便于携带,符合当时新开学堂的需求。如《时务三字经》书前即说："是编遵奏定章程,分门别类,均用三字浅近句读,使儿童易于知晓。外附图注,于初等小学生最为合宜。"因此它们的传播范围相当广泛。《时务三字经》仅笔者所见就有三个版本。1906年温州瑞安的张棡发现,当地的普及小学开堂,所用教材就有《时务三字经》。另据学者王尔敏研究,香港塾师翁仕朝会将"新"三字经纳入其童蒙教育之中,他所用的还是粤语改编版。台湾民众也回忆辛亥革命时上海出版的"新"三字经等出版物在当地非常畅销。

如果进一步将考察范围扩展到"新"三字经外的通俗作品,我们更会发现在革命的外衣下那些浅显直白、通俗易懂、猎奇野史、占卜测算等符合大众趣味的书才是当时市场上最受欢迎的商品,这说明辛亥前后民主、共和观念的传播普及尚有不少隐蔽渠道有待发掘。新思想的流行并不是一个一定与传统节节断裂的过程,与之相反,它们经常要借助传统的、有民众基础的表现形式来获得更强大的推动力。这些面相若能被纳入考察,思想观念对辛亥革命的深刻影响大概可以有更多贴近历史情境的理解与解释。

民族主义的可贵与可爱

1936年,一代文化巨擘章太炎去世,各家纷纷追叙太炎的生平、学术与思想。其中钱穆的看法颇值得注意,他指出太炎与其他学者一大不同之处在于:"近年来之学者只知民族主义之可贵,不知其可爱。"这是因为太炎曾说过:"民族主义如稼穑然,要以史籍所载人物、制度、地理、风俗之类为之灌溉,则蔚然以兴矣。不然,徒知主义之可贵,而不知民族之可爱,吾恐其渐就萎黄也。"

这种对民族主义之可贵与可爱的分梳点出了自清末以来现代中国国家认同塑造的纷繁复杂的进程,是章太炎和钱穆作为史家的一大洞见。以下我试着对民族主义的"可贵"与"可爱"这两个面相略加分析与讨论,以期稍稍认识现代中国国家认同塑造的多元进程。

先来看民族主义"可贵"之一面。

1906年7月,太炎在东京留学生欢迎会上说,所谓"民族思想"一定要自甲午以后,略看东西各国的书籍,"才有学理收拾进来"。陈垣几乎同时发现:"迩来风潮澎湃,不知由何处吹入民族主义一名词来。"所谓"收拾学理"和"风潮澎湃"都可看出从东西两洋传入的、以现代国家观念为基础的民族主义对于清末读书人知识结构的冲击和在其内心造成的激荡。这套观念配合上"转型时代"（1895—1925年）兴起的学校、报刊、学会和因现代技术而突飞猛进的传播条件，无疑为不少时人看来"一盘散沙"（当然，是否真的是"一盘散沙"值得再做考察）的中国提供了极其重要的凝聚力。到1934年胡适就看到了中国人了解民族主义之"可贵"后出现的新局面：

> 在那割裂之中，还能多少保持一个中国大轮廓，这不完全仰仗那些历史的大维系，其中也还有一些新兴的统一势力。第一是近几十年的新教育……第二是一些销行全国的大报纸……第三是从报纸与学校里传播出去的一点点民族观念、国家观念、爱国思想……居然能使一个地方发生的对外事件震撼全国，使穷乡僻壤的小学生认为（是）国耻国难。第四是新兴的交通机关，如电报、邮政、轮船、铁路、公路等等，也究竟缩小了不少的距离，使全国各地的人增添了不少互相接触的机会。

除了为"一盘散沙"的中国提供了统合国民的凝聚力之外，民族主义的可贵一面更体现在其帮助中国人同仇敌忾对抗外敌之上。19世纪末20世纪初中国人对抗东西洋列强入侵的历史过程是"打了大败仗，发生了大崩溃"。如果说清末的"亡国灭种"危机在某种意义上还是现实与想象兼而有之，那么1915年后,强邻加强敌的日本给中国带来的"亡国灭种"危机则是实实在在、步步紧逼、迫在眉睫的。吴梅即指出:"今之亡人国者,并种族而歼之。"因此王芸生才会提出,1931年后的抗日是"第一次全国战争",因为"中华民族立国五千年,一向孤立在东亚大陆上,并未遇见(过)条件预备的敌手"。抗战期间蒋梦麟看到军队由广东、广西开赴汉口时,亦要说"这次战争现在的的确确是全国性的,不再像过去一样是地方性的战事了"。在抗日战争的全面性危局之下,很难想象若无民族主义"可贵"一面自清末就开始的普及,中国将如何自存?中国人将如何应对这一场旷日持久、艰苦卓绝的战争?所幸我们懂得了现代民族主义的重要性,而且这种重要性亦通过八年的全民抗战在国人心中得到了进一步升华。张荫麟就曾拿抗战时期的中国与宋末、明末的中国做比较:

> 倭寇把现在的中国看作宋末、明末的中国,(把)他自己看作宋末的胡元、明末的满清,这个盲昧就足以陷他们于万劫不复的深渊。宋明末季和我们的时代有一个根本的差异:宋明末季没有自觉的民族意识,而目前中国正处于民族意识飞扬蓬勃的时代。所谓民族意识,就是各个人认定全民族的福祸利害、荣辱安危,即是自己的福祸利害、荣辱安危,而自愿献身为民族的生存与发展而奋斗。没有民族意识的民族好比一盘散沙,有了民族意识的民族好比一团黏土;没有民族意识的民族好比无声无息的死水,有了民族意识的民族好比排山倒海的潮流。

朱自清则认为:"抗战以来,第一次我们获得了真正的统一,第一次我们每个国民都感觉到有一个国家——第一次我们每个人都感觉到中国是自己的!"因此我们可以看到现代中国的启蒙过程就在救亡过程之中,而不是如一些学者所说是此消彼长、二元对立的关系。

不过朱自清尽管热情地肯定民族主义之"可贵",并且引美国之谚语云:"我的国呵,对也罢,不对也罢,我的国呵!"但他依然认为"完美的中国还在开始建造中,还是一个理想"。那么这个理想该如何实现?若回到钱穆的看法,我们或许会发现光知晓和普及民族主义之"可贵"一面仍然不够,要叠加整合的是民族主义之"可爱"的那一面,即章太炎、钱穆所说的中国历史中的人物、制度、地理与风俗,也是胡适所谓的"历史的大维系"。但就现代中国国家认同的塑造看,这一面相极其复杂,厘清并不是件容易的事。这是因为,中国传统时代就极重视这些"历史的大维系",但读书人对"历史的大维系"的重视是植根于"天下"观念中的。在这套"天下"的观念里有国家的位置,但国家并非处于至高地位,它被安放在"身—家—国—天下"的序列之中。读书人会对"易姓改号"的"亡国"黯然神伤,但他们最担心的是"仁义充塞而至于率兽食人"的"亡天下"。同时在"天下"观念里亦有种族(夷夏之辨)的成分,但夷夏之辨的底色却并不在种族而在文化。缪钺就指出,中国古代的民族观念"重在文化而不黏滞于血统"。因此"天下"观念的实质是一套"文化认同",何以成"中国"最后决定于文化,何以成"华夏(族)最后亦决定于文化"。这种对文化的重视使得传统中国的国家认同建基于苍生意识、科举考试、宗族建构和神明信仰等文化性的观念和制度上,这些观念与制度的特色从其涵括的范围来说既是国家的亦是普世的,由人及家,由家及国,由国及天下。从其统摄的时间来说既是现代的亦是传统的,即通过不断地追溯思考过去来垂鉴当下,引领未来。

可是自 19 世纪 40 年代开始,西人用炮火打破了中国的藩篱。而后的半个多世纪里,"打了大败仗,发生了大崩溃"不仅仅表现在疆土沦陷与主权丧失上,更表现在两千年岁月文化铸成的中国自我形象的破碎上。因此前述的那些观念和制度统统在这一过程中遭到了"反传统"且"以反传统为爱国"的严重挑战。以"民本"为基础的苍生意识因为抵抗列强侵略的需要而让位于"富强"的观念。科举考试因被认为凝滞僵化、"难得人才"而遭大幅度改制,直至被士大夫自己亲手消灭,以致中国至今仍未找到合适地衔接政教的制度安排;宗族和神明信仰系统更是被认作"迷信",要被启蒙精英全面铲除。20 世纪 20 年代旅京的一些外省青年就提出:"我们以为家庭、妇女、婚姻及一切社会之传说、风俗、习惯,皆是前代历史的残渣,只有在政治革命及生产革命以后,烈火盛焰摧陷之。"到 30 年代仍有人在说:"那些线装书、那些偶像、那些庙宇、那些军阀官僚、那些古董、那些传统,那一切所谓中国的古旧文化遮住了我的眼睛,使我看不见中国的未来,有一个时期使我甚至相信中国是没有未来的!"

以上说的是那些处于过渡时代,旧学无底、新学无根的人物对民族主义之"可爱"一面的看法。那么如钱穆、章太炎等深谙传统、强调民族主义之"可爱"的读书人,又为何得不到太多的呼应和肯定呢？这一方面当然是由于在现代中国"以反传统为爱国"的读书人占据了学界的中心、舆论的主导，尊西崇新的风气异常强势。在世风的影响下，强调民族主义"可爱"之人基本上会被定义为一个落后、保守、冬烘、古板、没落的读书人。但另一方面，问题也出于钱氏、章氏自身。他们虽然认识到民族主义之"可爱"一面，但在辛亥革命时期他们也受到清末流行的单一民族建国理论的影响，那时他们试图要做的事就是"强分种族"，特别是"剖清汉种与满种"。因此在他们说民族主义之"可爱"的开始阶段，此种"可爱"就经常被扭曲变形为（大）汉族民族主义之"可爱"。章太炎在《正仇满论》里会用文字、风俗等因素来论证日本与中国更加亲近，满人与汉人反而疏离。为推翻严复《社会通诠》的论点，在其如椽巨笔之下，他又听任蒙古、回部分离而不顾。

这些颇牵强的说法看似在谈历史、析语言、讲风俗，但实则相当无视一个国家真正的历史、语言与风俗。19世纪源自西方的强分种族观念在今日看来有很多地方值得反思。人类在客观上当然存在体质、外形、肤色和语言的分别，但这种客观的分别一旦被固定为僵化的分类，并受到政治和经济资源的种种操控后，这类种族式的"民族主义"实际上既不"可爱"，同时也难称"可贵"。且"民族"与"种族"概念实内涵大异。金毓黻就指出："所谓种族，专由血胤分析之，同一种族不必同一之国家；所谓民族，不专由血胤分析，又有语言、文字、风俗、宗教、文学、国土、历史之成分在内，不过种族一端，为其重要之成分而已。"

综上我们可以发现，从中国要成为一个现代国家出发，民族主义之"可贵"一面不可或缺。但以中国之大,中国人之多,中国那些"历史之大维系"的延绵之长久、影响之深远来说,民族主义之"可爱"一面亦应得到高度重视。1924年白屋诗人吴芳吉就指出:"近日报纸,有极力鼓吹爱国者,殊鄙陋可笑。既言爱国,则必探求吾国可爱之物为何?欲探求此可爱之物,则基本之事,群经大义不可不知,历史消息不可不知,文学价值不可不知。乃此项刊物,皆忽弃不顾。但事称道德国之民性如何,法国之军备如何。而欲他人油然生爱国之心,其可得哉!"

从此推论,今日中国似仍多看重民族主义之"可贵",并以各种各样的方式来全力使民众知晓民族主义之"可贵",却较少去让人知道何谓民族主义之"可爱"。既不知国之"可爱",于是很多时候大概就不知道从何爱起。这其实源于目前人心当中尊西崇新的风尚实并无太大改变,一百多年来中国人破碎的自我形象仍在收拾、重塑的道路上。因此如何建构、整合民族主义"可贵"与"可爱"之两面的中国式国家认同是需要我们认真思考的问题,而帮助我们思考的重要资源则不少就在经历过现代中国国家认同塑造进程的那些读书人的经历和认知里,其中尤其需要重视谈论民族主义之"可爱"的那些读书人的看法。综括来说,最重要的是以下两个问题:

第一个是如何走出种族性的狭隘民族主义,走向文化性的大民族主义。对此,著名史学家陈垣有很好的阐发。陈氏早年和钱穆、章太炎相似,持激烈的排满立场,在报刊上发表过许多反满的文章。但随着陈垣读史的体认日深,他发现要确立强有力的国家认同必须走出种族性的狭隘民族主义,并走向文化性的大民族主义立场。这种文化性的大民族主义在塑造国家认同时看似动员能力较弱,但似柔实坚,且能长久地深入人心。20世纪20年代,陈垣写了一部名著叫作《元西域人华化考》。这部书当然首先是博大精深的学术著作,但在学术背后,陈氏有深意存焉。在写给其子的信中陈垣就说:"此书著于中国被人最看不起之时,又值有人主张全盘西化之日,故其言如此。"正因为此书是回应"看不起中国"之人和"主张全盘西化"之人的,所以陈氏斟酌过书名中究竟是用"中国化"还是"汉化",最后确定用"华化"这一概念。所谓"华化"是指元代西域人如何接受、认同和吸收儒学、佛道两教、诗文、书画、建筑、名氏、丧葬、祠祭、居处等"后天所获,华人所独"的文化性因素。陈氏不说色目人而说西域人,不说汉化而说华化,以西域人与华人相对,以西化与华化相对,"其故可深长思之"! 这套文化性的、基于民族主义之"可爱"的国家认同为抗战期间在日据北平苦熬岁月的陈垣提供了强有力的支撑。他不仅写出了另一部名著《通鉴胡注表微》来表露自己誓不屈敌的心迹,并强调说:"昔之言氏族也,利言其分,所以严夷夏之防;今之言氏族也,利言其合,然后见中华之大。分之则无益于国家,无益于民族。"

第二个问题是如何在塑造新国家认同中激发中国人的大国民心态。无疑,今日中国正在崛起,已成为世界上最强大的政治体与经济体之一。但在新国家认同的塑造中,中国人好像经常不太懂得怎样去做一个"大国民"。这种"不太懂得"很多时候与长久以来只知追慕美、德、英、法列强,并关注列强一言一行、一举一动之风气有关。这种风气使得中国传统的处理国与国之间关系的智慧往往隐而不彰,甚至让"天朝上国"的提法在标准历史教科书中成为一种代表着"前现代"和"未开化"的恶谥。其实"天朝上国"要遵循的原则乃是各国间的"事大字小",这种原则正能够为中国人培养"大国民心态"提供貌似古老、实际崭新的资源。

"事大字小"说的是小国对大国的侍奉和大国对小国的爱护,其核心在以礼(实质就是文化)划分国家等级,又以礼而非以力联结大国、小国,形成一个看似松散却又荣辱与共、休戚相关的国际体系。此体系强调的是国与国之间互相的责任,尤其是大国对于小国的责任,而不是彼此的利益计算。据《周礼》记载,周天子设官曰"小行人","若国札丧,则令赙补之;若国凶荒,则令赒委之;若国师役,则令槁襘之;若国有福事,则令庆贺之;若国有祸灾,则令哀吊之"。这里的"国"说的都是"先王以建万国亲诸侯"的"邦国",即小国。然后"小行人"会将以上种种邦国之事故分门别类,"及其万民之利害为一书,其礼俗、政事、教治、刑禁之逆顺为一书,其悖逆、暴乱、作慝犹犯令者为一书,其札丧、凶荒、厄贫为一书,其康乐、和亲、安平为一书","反命于王,以周知天下"。

如此一来,如何"事大字小"便成了可以明确和传递的知识,进而化为礼俗与规范,成为久远的历史记忆,令传统时代的中国人尤其是读书人总不缺心系小国、包容小国的大国民心态。

这种大国民心态即使在清末中国作为主权国家在世界上实际地位甚微的时候仍经常有所表现。章太炎等就从来源于历史、语言、风俗的"固已潜在"的"民族根性"出发说:"欲圆满民族主义者,则推我赤心,救彼同病,令得处于完全独立之地。""且以为民族主义非专为汉族而已,越南、印度、缅甸、马来之属,亦当推己及之。"此种因民族主义之"可爱"而推向世界主义乃至于"禽雀牲畜"等一切生物的看法,正论证了"爱国同时也可做世界公民"理想的可能性,值得一再深思。

八卦世界：
辛亥革命时期的谣言

辛亥革命作为一扭转历史、牵涉极广、影响久远的大事件，与之相关的人与事在现在看来都有"横看成岭侧成峰"之感，更何况当时那些身处时势剧变之中，茫茫然不知未来将向何处去的困局中人。由此推论，从辛亥八月到壬子二月间中国几成一充斥着谣言的"八卦世界"就不太令人骇怪。在北京的吴宓就感慨："吾辈今日处此，如在梦中，外间真确消息毫未闻知，实为不妥之至。"在江南的叶圣陶也觉得当时各类消息互有异同，真假难辨。

不过骇怪虽不必有，解释却不能无。当时有哪些类型的谣言？制造与传播的机制为何？激发了怎样的社会反应？折射出怎样的时代风气？这些问题的回答或都有助于我们从一个侧面理解辛亥年的革命与革命中的芸芸众生。

一

从洋务运动开始，中国现代转型之路已走了五十多年。上海、广州、北京等大城市开始成为全国的新闻中心，并与泰西诸国间的信息流动接轨。其中最重要的中转渠道是新兴的电报。不过就国内新闻而言，各报纸往往把最强的力量放在本地和北京，其余仅是在重要城市设置一二访员而已，且访员薪金微薄，因此消息的可靠性很难得到保证。就国外新闻看，当时即使是路透社电也不会直接送中文报纸，中文报纸要发布其新闻需要从西文报纸转译，更无论其他外国通讯社。所以上海时报馆翻译西文的先生，每天不过是从《字林西报》译载两三条外国通讯社关于中国的新闻而已。

正因辛亥革命时期的报纸如此运作，谣言也就从其间的空隙中产生出来。以当时报纸的集中地——上海为例，《时报》《申报》《新闻报》《民立报》等沪上大报报道革命的重要形式就是来自全国各地乃至东京、柏林、巴黎、伦敦等"寰球世界"的电文。从表面上看，这些电文准确、及时、来源广泛，让读者足不出户即能知道革命形势，实际上其中却充斥着各种不可深究的谣言。像一个外国通讯社凭借道听途说就发新闻说荆州、沙市等地满人屠杀汉人，"惨状"不堪目睹。宋教仁、徐血儿等革命党人马上就跟进炒作，假装对此消息来源的可靠性一无所知，进而利用这件事大做文章来鼓吹反满的急迫与必要：

> 荆州汉城为满人屠戮。城门紧闭，四处搜索，男女老幼，无幸免者……汉人屠杀尽矣。盖满人身带快枪，手持利刃，枪毙之人，更以刀洞其胸。有以刀从口插入而毙命者，有用火焚死者，小孩多有贯槊为戏者……扬州十日、嘉定屠城之惨祸，再见于今日。满人之待汉人，残酷极矣！不特此

> 也,荆祸起后,北京、江宁、镇江各地,凡有驻防之处,均欲效荆州故智……万一革军不胜,则满人必大杀汉人,使无噍类,灭种之惨,可危实甚!

这段文字的笔法貌似亲眼所见,实则其想象和发挥的根据多来自《扬州十日记》等"满汉相仇"之书,无太多新意。

除了制造关于满人的谣言,革命之"民贼"是当日谣言的另一大主角。革命没几天,袁世凯在《民立报》的北京专电中已被潜入京城的"侠士"所杀,身首异处。困守南京、纵兵杀人的江南提督张勋也在《民立报》的南京专电中被路人看见曾大摇大摆地手持人心,当街购买豆腐,然后以油煎之,下酒甚乐。

在满人和"民贼"被全面"污名化"之际,革命领袖在报纸电文中被塑造了一个又一个的神话故事。来自东京的电报就说黎元洪在甲午战后游学日本时即成了革命党,并且在好几年前已拟定了起事文告。

上述谣言能被制造的根本原因在于革命党和支持革命的人士需要利用报纸舆论来论证革命的正当性。无论是将满人、"民贼""污名化"还是将革命领袖"神话化",都是革命正当性来源的一个层面。

除此之外,谣言与"国际观瞻"亦有紧密联系。在清末,稍大的政治变动都脱不开洋人的幕后推手。武昌起事后,革命党面临的一大问题就是列强如不承认新政府,"革命足招瓜分之祸"的担忧将可能成为现实。在国家主权完整基本已成时人共识的情况下,这种担忧情绪的蔓延对革命的正当性伤害尤大。从当时的"友邦舆论"看,各国实际上对革命支持与反对互有。如美国就支持新政府更多,胡适在日记和书信中都提到"美国报纸均袒新政府""此邦舆论多佑民党"。而英、法、德等国舆论就不如美国般一边倒地支持革命。因此革命党人对此问题极为重视。身在国外的蔡元培、章士钊等就不断"制造"有利于革命的电文、译稿,借此给公众以革命已获得列强认同与支持的印象。

在德国,革命刚起,蔡元培就试图发电给上海报馆,大意谓"外国均赞同吾党,决不干涉,望竭力鼓吹,使各地响应",后又加入"孙文举袁世凯为总统事"。为何蔡元培要添加孙举袁为总统这样纯属空穴来风的故事呢?据他分析:

> 孙之推袁,确否固不可知,然此等消息,除离间满、袁之外,于半新半旧之人心极有影响。外交亦然,如德国政界推服袁甚至……请公(吴稚晖)以英文电示此讯,并勿参疑词,以便传示德报馆,易于取信。

在英国,与蔡元培书信电报来往甚密的章士钊发现"新闻界中,异议稍起,颇于革命党之态度不能释然"。有鉴于此,章氏以为"外邦舆论之力,可左右吾事之进行也",随即他奔走往返于住所与电报局,剪贴整理各大报纸关于革命的报道,"择议论之袒己者",每日一电或数电发回上海,这样足足坚持了一个多月。为此,民立报社曾为每日六七百元的高昂电报费用伤透脑筋。不过这些钱花得并不冤枉,经过章氏的持续努力,泰西列强"支持"革命的态度已跃然各大新闻纸上:

欧洲得武昌变象，对于汉口英人之治安并不担忧，政界重要人物均深信革党并非仇外，各报舆论亦深赞少年中国之领袖。

伦敦《泰晤士报》警告列强，谓中国全国人民皆深藏反对不良政治之志，此次流血，实于中国救亡之前途大有裨益。

英国报界大声欢迎武昌革命党宣告共和政体，赞成黄兴为总统。

伦敦《泰晤士报》言各国均有自救之权利，无须他国干预……故劝英国政府仿此办法承认革党独立。

英国舆论赞成革命军，故法国舆论亦随之而起。

美政府不认有干涉之举，且宣告如不损及美国人民生命财产则决不干涉。

英报界得国民军战胜消息，大为欢悦，且有高呼万岁者。

以上种种说的都是清末大城市中新闻舆论的"全国性"与"国际性"对当时谣言的影响。而大城市里的公共空间和消费市场则是当时谣言制造与传播的第二个温床。

二

清末，从沿海到内地各大城市的公共空间和消费市场都与政治靠得越来越近。以城市的公共空间论，辛亥革命时各种各样的政治集会都会在马路街道、公私园林、民间会所等城市公共空间中举行,这些集会的演说、誓词、讲话很多都意在引发革命狂潮,灌输革命已取得巨大进展并一定会取得最后成功的理念。1911年11月24日宋教仁在广肇会所召开的募饷会议上通报湖北情形时就基本不提北洋新军已大兵压境,而是宣布武昌"军精饷足,可支十年"。12月2日上海张园召开募饷大会,袁恒之言之凿凿地说前几天汉阳失守的消息不实,而且指出即便"地方或有暂时之疏虞",但"我汉族四万万同胞之心终不失守"。12月23日商界共和团举行选举会议,演说者直指北方议和使团中的代表如严复、杨士琦、许久香等为汉奸,他们企图收买革命的海军军官向清廷倒戈。

仔细推敲上述言论,不禁要问:既然"军精饷足",何须亟亟乎开会来集款助饷?传说汉阳失守,实际战况究竟如何?说"汉奸"企图收买海军军官,证据何在?正是这些前后矛盾、含糊其词、夸张失实的言论会依托公共空间产生,经由纸媒放大,由谣言而变成被听众所接受的真相,最后发展到报馆一发布真实消息就被暴民捣毁的程度:

> 袁世凯叫冯国璋攻破了汉阳,上海各报不敢发表,因为那时人民宁信《民立报》为宣传捏造的消息,而对于真实的如革命军失败的消息,就会打毁报馆的,《申报》《新闻报》就被打过。

以消费市场论,城市中细分消费市场的发达让革命期间的政治与生意纷纷挂上了钩,其中最多的就是各类书籍的出版。这些书的内容中谣言占了很大的比重。如"民贼"张勋的各种丑史、野史就在那段时间大量出版,连其爱妾小毛子也能够"博得新书卖几文"。如明明学社就出版有《小毛子传》;新汉印书馆则以"禁书十九种"招徕读者,其中一种就名为《张勋爱妾小毛子》。更有一则匪夷所思的轶事广为流传:南京光复后,小毛子未能和张勋一起逃走,被革命军捕获。此谣言立刻引起了各方注意。上海军政府都督陈其美建议把她押解到上海张园,任人参观,每人收门票四角,以提充军饷。

此事的真假参照《申报》新闻就能知道。不过在城市公共空间狂热革命气氛的催动下,人们更期盼的显然是小毛子在万人前的公开展览和自己借展览来宣泄情绪,参与集体之狂欢。

最后,因中国幅员辽阔,各地发展不平衡,所以在现代转型的进程中已渐渐形成了以沿海口岸城市为主体的"洋世界"与以广大内陆城市、乡村为主体的"土世界"。"土""洋"两分形成的观念世界与信息距离的落差也催生了不少革命中的谣言。

三

很多时人在武昌首义后立即把那些革命伟人与神秘的《推背图》《烧饼歌》联系在一起,像黎元洪的名字就被发挥为"元洪"两字隐含元末朱洪武崛兴之意。另有人说,黎家门外贴着的五言对联"大泽龙方蛰,中原鹿正肥"足证其像刘邦、朱元璋一样心怀大志。身处广东梅县乡间的黄药眠则听说孙中山法术高强,在被清兵团团围住难以脱逃之际,居然脚踏祥云腾空飞走了。

如果说上述谣言还只属于普通民众的街谈巷闻,用自己的观念去叙述理解革命的话,对那些在革命中有天下社稷、身家性命之虞的官员来说,几乎每个谣言,尤其是事关时局动向的谣言,对他们都是极大的刺激。

云南楚雄知府崇谦就在日记中用了一连串"传"字来表示当时各类消息之纷纷扰扰。因为真确消息难得,当地又无报纸,所以崇谦命令楚雄电报局凡是往来电报有关时事者,皆要抄副本送署。尽管如此,在与革命军刚接触时,他仍因各种谣言而产生疑忌,跑到城外相熟的士绅家躲了一夜,那一夜据他形容是:

> 万虑千愁,不能合眼。一经思及,中心如焚,前途如何?何堪设想,许光亮及其父学彦、兄光宣互来陪伴安慰,无如事在心中,坐卧不宁,每自言语,或绕楼徘徊,焦灼不堪言喻。又恐累及许家,拟明日定另逃避。然又思逃避无所,只好寻一自尽,回首妻儿不能相顾,日后如何归结?伤也何如!

府县官吏如此,地方大员就更不好过。成都将军玉昆在给儿子的家书中写道:

> 邮电梗塞,使内外无闻,竟听谣传,日日惊吓不可待言。川闻九月初五隆裕皇太后改为垂帘听政,是日朝贺时保府

军队猝变,直入大内,将王公诸大佬尽行杀戮,吴禄贞保监国率领皇帝、皇太后初七乘火车前往奉天暂驻。禁卫军与新军交战,互伤多半。宫内尽毁,旗人被戮者多。度之已焚。大局决裂如此,闻之不由痛哭流涕,心焦如焚。又不知家中如何,受惊否?心中悬念,日夜不安,万难得一准信,恨不能插翅飞京看看,方如愿耳。

玉昆的消息从后见之明看是由三四种不同的谣言错位连接而成,其中既有北京满人大小官员因排满革命突起而人心惶惶、四处避难的痕迹,又有香港、广东、上海等地报纸捏造京城沦陷、摄政王被擒、太后与小皇帝均下落不明消息的影响,同时还有保定军队哗变不稳、吴禄贞被杀事的余波。这些都在成都这一内地城市汇聚成了一锅大杂烩,深刻影响了四川局势。郭沫若就认为像四川总督赵尔丰这样的人居然能和平移交成都,很重要的一个原因就是成都与外界的讯息隔绝,他只能相信报纸上清廷已经灭亡的消息。

辛亥革命时期谣言的制造与传播一方面确实对推翻帝制、建立共和起到了积极作用。章士钊就对其剪贴整理的电报颇为自得,以为"南中义士之敢于放胆进行者,友邦舆论之助力,亦弥有影响"。于右任也夸奖他:"在英国担任发稿投电。武昌举义后,欧洲电报收效不少。"连对手方也承认各种谣言对革命成功有不可低估的作用,有人就说:"此次共和之成立,新闻记者实有大功。譬如报告南军如何精强,如何雄猛,如何众多,铺张扬厉。"

但谣言亦是一把双刃剑，它震动了人心、时局、社会，使得"好乱者皆从而和之"，最终产生了"狼来了"效应。壬子年的中秋之夜，上海某地仅仅因为士兵聚谈，"人声嘈杂，旋即走散"，就马上传出谣言说军队今晚要哗变索饷，全城气氛顿时异常紧张。

同时谣言的"制造"也改变了清末差强人意的言论生态，而变得党同伐异、渐失底线。于右任就观察到辛亥革命后"发一言，论一事，异党以政见不同而争，同党以意见不合而争"，最常用的手段就是利用报纸来散播谣言、攻击对手，严重时甚至出现过"报纸亡国"之说。此种历史发展的吊诡曲折颇令人深思和感慨。

倒皇人是保皇人：
梁启超与民初复辟

一本史著是否优秀，判断的标准之一是能否不着作者所处时代的痕迹。一流高手之著述往往历久而弥香，段数稍低的作品则难免留下这样或那样的时代烙印。像孟祥才的《梁启超传》一书，写作年代甚早，出版于1980年，2012年有修订版面世，其中不乏一些稀见难得的材料。对这本书豆瓣网友目光如炬，评论其有"浓厚的20世纪中叶气息"和"强烈的70年代特色"。比如他竟说梁启超的名文《异哉所谓国体问题者》（以下简称《国体》）"字里行间，跳动的仍然是梁启超那颗忠于袁世凯的赤心。文章的基调是出自肺腑的娓娓规劝，文章的要害作在'称帝选错了时候'"。

这番议论当然源于作者坚持将梁启超归列于"改良派"，认为他天性软弱，抗拒"革命"，因此字里行间难免失了些分寸，但若对其说"平心论之"，我们或会发现作者尚仔细读了不少材料，有些见解大致与1915年前后的时人不谋而合。

就梁氏本人的材料来说，2012年中华书局出版的《南长街54号梁氏档案》收录了一封1915年9月1日梁启超给袁世凯的信（《护国运动资料选编》中亦收了此信，但其注出处为《梁任公

年谱长编初稿》,待考),说道:

> 启超当此文(按,《国体》文)属稿之时,痛楚不能自制,废然思辍者屡矣。独念受我大总统知遇之深,若心所谓危而不以告,殊违古人以道事上之义。孟子曰"齐人莫如我敬王",启超此文,窃附斯义而已。伏希我大总统宵旰之余,俯垂披览,若其间有一二可采,乞凭睿虑,以定群疑。则启超虽麋顶及躯,岂云报称!扶病搁悃,言与泪俱。

这段话虽不能证明梁忠诚于袁世凯,因为其自视甚高,竟然自比为亚圣孟子,可见当时名士之"僭妄"到何等程度,实难谈一"诚"字,"忠"更无从谈起,但整封信既然定位自我为"孟子"、袁氏为"齐宣王","规劝"之意是不难看出的。所以有人就说,"梁任公之文出此,群谓透剖,蔑以加矣。然吾独病其三点",其中一点就是"未尝于根本上反对帝制,不过以为宜稍迟耳"。

究竟梁氏是不是从根本上反对帝制,斯人已矣,实不能起于地下而问之。因此我们要讨论的是:第一,梁撰《国体》一文的文字表现和对其背后心路的猜测。对于此问题,现今研究最大的缺陷在于材料均来自梁启超一方的叙述,而基本不见对手方的回应。比如此文是否有更原始、更激烈的版本?据说是有的,但对此大都采择吴贯因在《丙辰从军日记》中的说法,此日记则出自《梁启超年谱长编》。与之相似的是围绕此文出炉前后的各种小道消息,如袁世凯希望以二十万元巨款贿赂收回《国体》文等,而这些材料又多转自梁启超自撰的《国体战争躬历谈》等文。这些文章往往意在烘托梁氏自身功绩,真假参半,实情如何各方莫衷一是。有人即评论护国战争道:"滇于平、沪等地,向无宣传活动,而梁(启超)、蔡(锷)则有进步党人为之到处鼓吹,继由任公发表之《国体战争躬历谈》,及《松坡军中遗墨跋语》等做宣传,'躬历谈'出,虽欲辨正,云南又苦外地全无宣传之可能,因此一误再误,遂致沿袭至今。"国民党一系的李宗黄则指出:"云南起义真相,外方人士不明,且受梁启超的宣传。""梁氏素有文豪之名,既有各种著述,复有宣传机构,与掌握一部分政权,易将有利于彼的消息,散布全国。"

第二个问题目前稍有重新解释的可能,即当时和后世各方对于《国体》一文以及对梁氏在两次复辟中之行动的判断、评价和解释。对此问题大致要注意三个背景:

一个是梁氏从清末"论政治"到民初"干政治"的转变。郑振铎说梁与袁见面后,梁从"纯粹的一位政论家一变而为实际的政论家。自此以后,他便过着很不自然的政治家生活"。为何会"很不自然"呢?要害在于帝制的消亡。帝制若尚在,梁氏无论是"论政治"还是"干政治",仍都有作为臣和作为士被规定的路径与方向,旁人之评价也难脱这规定的路径与方向。但帝制不在,进入共和,袁即使已是"终身大总统",但仍然"人人皆有总统之望"(王季烈语),康梁等亦不例外。且梁氏并非冷对重权高位,1911年11月他已说:"本初(袁世凯)观望不进,今欲取而代之,诚甚易,资政院皆吾党,一投票足矣。"到1912年梁启超更是在家信中兴致勃勃地提到,夏曾佑告诉他"国人望君如望慈父母焉"!不过当时梁踌躇满志,恰恰忘了这个出自《左传》的典故中还有更多的话。这个故事说的是叶公沈诸梁入楚都平叛,因为"国人望君如望慈父母"而披甲戴胄,防备流矢误伤。但有人却提醒他不应如此,全副武装的话会"掩面以绝民望"。此种用典恰恰为吴稚晖说梁氏进入民国后是一个"想化官僚,结果终是官僚化"然后"绝了民望"的过程提供了绝妙的隐喻。

第二个背景是梁氏文章对于读者的吸引力。大体说,梁氏文章进入民国后对读者仍不减其魅力,但已经起了微妙的变化:1902年周作人读《新民丛报》是"看至半夜,不忍就枕";到1915年在浙江一师读书的杨贤江虽然仍在读《新民丛报》,但已是"阅三页而寝"或"寝前阅数页";同年温州瑞安的前清廪贡生张棡则极不满于梁启超选蓝公武《辟近日复古之谬》文登诸《大中华杂志》,直接说"梁氏公然选之登报,吾不知其是何肺肝也"。在读者阅读热情消退的背后其实是一悖论:梁启超等清末名士以其笔锋孕育了对舆论云集景从的大批受众,但这个受众世界一旦建立,则风口浪尖上的名士就渐渐地被受众的口味和兴趣所引领。这种状况在 1915 年前后初露端倪,发展至五四就演变为"梁任公跟着我们跑也"。

第三个背景则是并未消逝的民初"士林"。1915 年前后,科举立停不过十年左右,其间虽经民清鼎革,但庞大的"士林"依然存在。梁氏以科举的标准说是"士林"之一员,以影响力的大小看又为"士林"所盼望和倚重。因此尽管梁先前流亡海外,从事秘密政治,现今又为"议会政治"中人,但政治需要由有"操守"之人来做,却可能是他依然无所逃的桎梏。1912 年冬梁启超在北京报界欢迎会的演说上指出:"侪辈中,亦有疑于平昔所主张,与今日时势不相应,舍己从人,近于贬节,因嗫嚅而不敢尽言者。"又说:"所谓温和派者,忘却自己本来争政体不争国体,因国体变更,而自以为主张失败,甚乃生出节操问题;又忘却现在政治,绝未改良,自己畴昔所抱志愿,绝未贯彻,而自己觉得无话可说,则如斗败之鸡,垂头丧气,如新嫁之娘,扭扭捏捏。"

尽管梁启超认为以上皆"訾词",强调:"立宪党从未闻有以摇动国体为主义者也。故在今日,拥护共和国体,实行立宪政体,此自论理上必然之结果,而何有节操问题之可言耶?"这种自我辩解一方面为日后梁氏写《国体》文奠定了理论基础,留下了回溯自己不忘初心的证据,但另一方面梁氏将"节操问题"如此一提再提,念兹在兹,说明节操问题或正沉甸甸地压在其心上。

从以上三个背景出发,我们对梁启超与两次复辟的关系方有一个认知和解说的基础。就1915年复辟来看,梁启超的《国体》文出,以当时梁之影响力和天下人对袁氏称帝事的关注,当然会有群起响应、洛阳纸贵、"国人仰之如景星卿云"的面相。舒新城即说:"及梁任公先生《异哉所谓国体问题》发表,不独他的论据正是一般青年所欲说而不能说的,且能引经据典地说出,无异替青年们伸一口气。最可贵者,是他本是倡言君主立宪的,今亦深切反对改变国体,使共和之成为天经地义,我们阅报室内的阅报者陡增数倍,且有情愿不吃晚餐(因岳麓山交通不便,长沙城当日的报纸,要等上午派遣出去的信差于下午五六时带回)而专读该文的,我于读后并为抄存,那时一般青年对于所谓帝制的心理是可以概见的。"

舒新城的这段回忆虽有夸张,但大致近真。但问题在于以往我们多认为舒新城所说是《国体》文出现后的唯一面相。其实对于此文,复辟一方当然有反驳声音,如严复就"意又不然",林獬(万里)也在《亚细亚报》上写过驳议。但我们更要注意的是那些同属支持共和、反对帝制阵营中人对《国体》文的种种訾评。

章士钊即撰《评梁启超之国体论》,说梁氏"只问政体、不问国体"说并无问题,其立论关键在"不问",即"谓国体为固定之事实,不当问也",但并不代表梁氏没有资格来"论国体"。在章氏看来"论"与"问"是两回事,此次"国体问题"乃是"谯周、冯道生于今时,稍解政治,粗谙宪典,如此偷合苟容之事,知其犹且不为","而况首倡民权大义如任公其人者乎"?因此在"只问政体,不问国体"这一点上章氏认为梁氏无"贬节丧义之嫌"。但随即他笔锋一转抛出了更犀利的问题:"右陈诸点,灼灼甚明,而世之抵排梁先生者,仍嗷嗷不已。而其说倾巧善陷,一若足以动庸众之听者,何也?"对此章士钊的解释是:

> 梁先生入民国来,一言一动,俱不免为政局所束缚,立论每自相出入,持态每觑觑不宁,实有以致之然也。夫当共和立国之日,身为辅导共和之人,而乃不恤指陈共和之非,其言又为一时所矜重,岂有不为人假借遂其大欲之理,殆既见之,则又废然。此四年间,观其忽忽而入京,忽忽而办报,忽忽而入阁,忽忽而解职,忽忽而倡言不作政谈,忽忽而著论痛陈国体,恍若躬领大兵,不能策战,敌东击则东应,西击则西应,苍黄奔命,卒乃大疲。盖已全然陷入四面楚歌之中,不能自动,而与其夙昔固有之主张,相去盖万里矣。呜

> 呼,补苴之术,岂可久长,有谋而需,乃为事贼,梁先生自处有所未当,八九归诸社会之罪恶,即过亦为君子之过,谁肯以小人之心度之,惟以其人于中国之治乱兴衰,所关甚且,如是之举棋不定,冥冥中堕坏国家之事,不知几许。

不过章士钊虽自认说得"狂悖",但他仍然认为梁氏乃"富有主义之政家大党"。

另有人写《国体问题与梁任公》,评论就更加不客气。此文开篇就提出现今之事不能用"国体变更"来命名,实质是"加帝号"!因为民国政治在被袁世凯和包括梁启超在内的政客戕害后,"共和之实质,其不存也久矣。今日所余者,一空名而已。则今人呼曰变更国体,诚不如我之名曰加帝号者,确切而妥当多矣"。具体到梁氏的《国体》文,作者认为此文的实质是强调"帝政非不可改也,特不可于此时改之耳""非帝制善否之商榷,乃加帝号时期之研究"。对此作者做了一个极生动的比喻,在他看来《国体》文不过是"诸盗伙聚议于一处,而欲图劫一巨室,其间意见纷歧,或以为此时行劫,诸多不便,不妨稍迟,而性急者又主迅速进行之议,两两相持,尚未至解决之候"。

以上是北京、上海等中心之地的著名读书人对《国体》文的一些回应。而地方上的那些读书人或缺乏能力,或没有发表之地来对《国体》文做层层剖析、段段评点,但只要是年纪稍长的读书人均大致熟悉梁氏从清末到眼前的种种行动与言说的多变与善变,因此他们的评论就是从其所见的梁氏经历出发的。而且值得注意的是在此次复辟中对梁氏之评价还有一个参照:梁师康有为。温州瑞安的张棡就说:"共和立国本非任公平素宗旨,而幡然出山,受袁氏之爵禄,已未免贬其丰节。此次为国体变更,违其言论,因之托病辞职,虽较杨晳子、刘师培等识高一筹,然视其师康南海之超然远引,则抱愧多多矣。"常熟的前清进士徐兆玮则直接说康有为"较梁任公辈葬身政客生涯中,终高出一筹"。

这些地方读书人的看法都提示我们梁氏在第一次复辟中不仅仅有"护国"之功,亦有"干了政治"之后"时而党帝制,时而党革命"(朱希祖言)的风评跌落之憾,反而是其师康有为以其反袁的"一以贯之"而颇得"士林"肯定。

到两年后的第二次复辟,康有为和梁启超师徒二人则都因介入甚深而渐失搅动天下人心之地位。对此康有为好像不必多言,其实他介入"复辟"事仍有相当大的史事考订和解说的空间,待另文详考。那么梁启超呢?我们从一个地方读书人的日记中或能得到一些提示,其云:

> 复辟之事已声销影灭,张勋辫子军溃散,康有为逃遁,张勋亦遁……噫!视国事如儿戏,置一君如弈棋,而其病皆由希荣求宠而来,吾不为张勋惜,吾窃为数十年好为经济,自命圣人之康南海惜也。段祺瑞讨逆文,洋洋数千言,闻是梁任公笔墨,以最相契之师弟,忽反颜而为仇敌,亦儒林中之怪现状也。

这段评点一方面说明无论康有为参与复辟事真相如何,在不得详情的读书人那里明显甚不得人心,亦甚不合时宜,但另一方面也印证"士林"对以公开檄文"谢本师"、以通电讽刺康氏的梁启超亦无好感,他们与以"后跻马厂元勋列"诗讽刺梁氏的陈寅恪形成了呼应。在陈氏看来通电"诋及南海,实可不必,余心不谓然"。这种"心不谓然"的缘由当然很复杂,对此唐振常的解释是:

> 梁启超自是一代贤哲,了不起的学者。但是与王国维相比较,似乎就较为缺乏前面所说的寅恪先生所表述的精神。"流质多变"恐怕不一定为先生所取。"不惜以今日之我与昨日之我交战"诚然是可贵的精神,然"多变"以至于不可解释,在真正的学人看来,就未必认可。先生少有论梁启超之文,恐非无故。

综上,我们可继续说的有两点。第一个是读书人究竟为何反袁?对此我们以前受到进化史观太过强烈的影响,把政治发展看作一个线性的、有目标的、化约式的进程,同时又有一种政治变迁的潮流感,认为从帝制到共和是历史的必然。因此多把反袁解释成政治进化过程中的共和与帝制之争。自然当时坚持共和、力抵复辟的读书人不在少数,但因其他原因而反袁的也不在少数。

有人就指出筹安会设立后,北京政界有赞成者,有反对者,有骑墙者。反对者中又有积极反对者和消极反对者。消极反对者中又有遗老派、名士派和政客派,材料里说梁启超为名士派中"最困难者",因为其"向来赞成君主立宪"。蔡元培在 1915 年 11

月写给吴稚晖的信中也认为梁与杨度等无太大区别,都属于"彼辈",其着意在"欲及(袁)世凯生存尚能控制若辈之时,定世袭之制"。

其实以上各方还可以继续细分,如周善培,他就自认为已同清室情断义绝。但他对梁启超说:"你不能忘记了你和光绪的恩深义重,我们讨袁是替大清讨袁,不是替民国讨袁。"这即是反袁理由之强有力的一种——替光绪复仇,乃至为清王朝复仇。

此外还有一种更强大的反袁理由,即从袁氏之心术、作为及其对世人、世风之影响出发来反袁。因为不少读书人都指出过清亡并非因为其有"暴刑虐政",而在于清末十余年的"是非颠倒,人心竞趋于私利,廉耻荡然"。从这种判断出发观察民清鼎革,他们都认为是袁氏以谲诈之手段逼清室"禅让"于彼,进而他们多以得国不正、多狡善变、手段狠辣之"操、莽奸雄"来类比袁世凯。比如《申报》上风传袁世凯女儿"七龄已许配清帝宣统为妻"的消息时,有人就在日记中评论道:"袁氏之奸无异操、莽。操以女许配汉献,莽以女配汉平,然平、献皆不得其终,恐此次一番举动,未知为清帝之福抑祸也。"梁启超也说希望袁世凯不要蹈"中国过去旧奸雄之结局"。可见袁世凯得国不正、多狡善变、手段狠辣之形象深入人心。由此不少读书人反袁的基点并不在共和还是帝制,而是袁之种种行动对纲纪的涤荡和对国本的动摇。

像严修就曾劝袁世凯说,称帝"上无以对前清之列宗,下无以对千秋万世",而且严氏认为:"国之亡不亡,视乎政治之进退,宪法之良否,人才之消长。今之议者,欲以无信立国,而以无耻导人。金钱炫其前,铁钺劫其后,誓词等于谐谈,明令视如诳语。如此而欲有良好宪法之产生,清白人才之出现,此必不可得之数矣。"

沈恩孚在为白蕉《袁世凯与中华民国》作的序言中则说:"余夙谓公、诚二字,为古今立国之长轨。辛亥之推倒满清,易帝制为共和,公之效也。袁氏之阴谋帝制,口是心非,身败名裂,不诚之验也。南北统一之易,未可谓袁氏无功于其间,而授意军人,假托民意,万恶之俑,胥由此作,遂使主夷为奴,下藐其上,防口积威,胁迫而成推戴,讨逆大义,貌袭而为倒戈,迁流所极,纲纪荡然,人心习于诈欺,国本因而斫丧。"

进一步看,"士林"对读书人在"复辟"中表现的评判亦不完全是以支持共和还是失足帝制为依凭,而是值此政治大变动的关口,读书人能否砥砺气节、言行一致,若出尔反尔、一日三变、顺势劝进则很可能遭到非议。陈寅恪在《读吴其昌撰梁启超传书后》中就说:"忆洪宪称帝之日,余适旅居旧都,其时颂美袁氏功德者,极丑怪之奇观。深感廉耻道尽,至为痛心。至如国体之为君主抑或民主,则尚为其次者。"

陈寅恪所说的"廉耻道尽"和"极丑怪之奇观"在史料中比比皆是,《时报》上缪荃孙的故事就是一个典型的例子。缪为江苏耆宿,"以翰院之资,为东南少微,一题一跋必存先朝之正朔。虽任清史编修,而书局自随,时与遗老通声气,盖犹在仕隐之间",不料当"国体投票之日,垂鞶以往。齐巡按提议,劝进电文属稿之人方推某公,某公之字甫脱诸口,而此东南少微已自袖中出一折,端楷敬书劝进之文。全场呼叹,以为此无异陶谷之于宋太祖也,谁谓古今人不相及哉?"对此有人发评论说:"白首老翁,有何希冀而腆颜为此,我真不解!"(按,对缪氏为人,时人多有非议。其弟子陈庆年在日记中即说:"得缪艺风师书,于修清史事,自谓年老受苦,乞食无门,不得已而应聘。其语亦何可怜也。身处膏腴,好说穷话,七十后尚如此,殆不能改矣。")

第二个是复辟与新文化运动是何关系?以往勾连复辟与新文化运动多爱从复辟对新青年造成的心理刺激来立论,即所谓"旧思想与国体问题"的连接,而少见复辟所造成的梁启超一系影响力的衰落。新文化运动有其"北大—《新青年》"之主流,亦有以研究系为主体,以《晨报》《时事新报》为言论机关的支流。这一支流曾试图让新文化运动另起炉灶、别建正统,以梁启超为首撰写了大量试图吸引新青年的政论与时论。但与清末相比,他们的努力未能拓展出和当时一样的巨大声势。这表面上缘于此时的梁启超"抛弃了他所自创的风格,而去采用了不适宜他应用的国语文之故",但深层的原因则和梁启超在两次复辟及其后各种政治变动中的表现有关。诚如舒新城所说:"梁先生等握着南北的两大言论机关——北京《晨报》及上海《时事新报》!鼓舞着一般青年,同时也想把握着一些青年,以期造成一种新的势力。不过他们对于新文化之努力,不完全是由于内心苦闷所发出的呼号,而有点'因缘时会',所以在言论上是附和的,在行为上则不大敢为先驱。这不是他们有意如此,是被他们的'士大夫'集团先天条件规定着不得不如此。"

舒新城作为梁氏集团的大将,对于自家圈子那种"士大夫"特质是深有体会的。进入民国后,梁氏及其左右一方面难脱"士大夫"特质,而减退了对新青年的吸引力;另一方面他们的实际行动又经常背离这种特质。刘半农说:"所谓变迁,是说一个人受到了时代的影响所发生的自然变化,并不是说抹杀了自己专门去追逐时代。"但梁氏却好像经常"抹杀自己,追逐时代",这使得他们又在"老新党"那里大大失分。这种吊诡的情形遂使得梁启超和他的朋友们左右为难、进退失据,意图大干一场、操弄时势,却被虚幻的潮流和莫测的时势所抛离,渐渐成为过渡时代里的"过时人物"。

新文化的"到手"与"入心"

近年来中国近代史研究材料的"大量拓展"无疑是值得学人关注的趋势。伴随网络传输速度的突进、存储介质大容量的发展和学界风气的转移,现在只要稍有一点"技术手段",治近代史者几乎就可到足不出户、坐拥书城的程度,且"书城"中不少是珍本、孤本和海外秘藏,这样的情形大概十年前的学者都不能够想见。但这一趋势的"双刃剑"效应亦在慢慢浮现,在笔者看来最重要的有以下两点:一个是因学者群趋材料之"新",而较忽略读基本、常见史料;另一个是因手头材料之"多",而较易不精读材料,特别是对王汎森所指出的"不同文献具有不同的层次"这一点有所忽略(参看王汎森:《汪悔翁与乙丙日记——兼论清季历史的潜流》)。这篇文章就想以胡适的《中学国文的教授》为例来说明一篇表面已呈烂熟状态的史料若能被有意识地从版本、阅读等方面来重新梳理,或能有不少有趣的发现。

《中学国文的教授》是发表在《新青年》第8卷第1号(1920年9月)(以下简称《新青年》版)上的一篇大文章。说其"大"是因为此文在当时引发了强烈的反响,诸多著名和不著名的人物都围绕它做过评论、回应、商榷和拓展。但学界似多只利用《新青年》版和其衍生版本,而较少注意此文有一同题的演讲记录稿。

据胡适日记,1920年3月13日星期六,上午9点他就开始准备当天关于"中学国文教授法"的演讲,备课一直持续到下午。正式演讲从下午4点开始,地点在北京高师附属中学。演讲记录稿由周蘧(即周予同)做记录并发表在《北京高师教育丛刊》第二集(1920年3月)上,题目为《中学国文的教授——胡适之先生在本校附属中学国文研究部的演讲辞》(以下简称"高师版"),其内容与《新青年》版有颇多不同。

对此以笔者有限目力所及,仅梁心有过特别的注意,她对胡适20世纪二三十年代三次谈中学国文教育中的变与不变做了精到阐发(参看梁心:《胡适关于中学国文教育的三次讲演——侧重第三次讲演》)。不过具体到此文,梁心所见大概为《二十世纪前期中国语文教育论集》一书中收录的版本。这一版本虽以高师版为底本,但明确说"略有删节",而据笔者考察,这"略有删节"的部分也包含相当丰富的讯息。我们先对两版文章做一些初步的比照,可以发现:

第一,以《新青年》版做参照,高师版的大多数文字在措辞和语气上较收敛平和。如高师版开头说到中学国文教授的目的时,胡适就对民国元年(1912年)的《中学校令施行细则》第三条"国文要旨在通解普通语言文字,能自由发表思想,并使略解高深文字,涵养文学之兴趣,兼以启发智德"发议论说:

> 这一条在当时是理想的标准,并没有实行,所以现在看

去还不觉得有什么大错误。最有趣的是"通解普通语言文字"一句。这句话在当时是欺人的门面语,可是因为几年来文体的变迁,在通解普通文字以外,实在要注重语言了。至于"高深文字"一层,现在也觉得很有意义。

相比之下,《新青年》版中添加的一段对"民元国文要旨"的点评读来就有相当旺盛的"火气":

元年定的理想标准,照这八年的成绩看来,可算得完全失败。失败的原因并不在理想太高,实在是因为方法大错了。标准定的是"通解普通语言文字",但是事实上中学校教授的并不是普通的语言文字,乃是少数文人用的文字,语言更用不着了! 标准又定"能自由发表思想",但是事实上中学教员并不许学生自由发表思想,却硬要他们用千百年前的人的文字,学古人的声调问题,说古人的话——只不要自由发表思想! 事实上的方法和理想上的标准相差这样远,怪不得要失败了!

胡适谈《水浒传》《红楼梦》等小说入中学教材的这段激烈"名言"也只见于《新青年》版,高师版压根没有这段话:

教材一层,最须说明的大概是小说一项。一定有人说《红楼梦》《水浒传》等书,有许多淫秽的地方,不宜用作课本。我的理由是:(1)这些书是禁不绝的。你们不许学生看,学生还是要偷看。与其偷看,不如当官看,不如有教员指导他们看。举一个极端的例:《金瓶梅》的真本是犯禁的,很不容易得着;但是假的《金瓶梅》——石印的,删去最精彩的部分,只留最淫秽的部分——却仍在各地火车站公然出卖!列位热心名教的先生们可知道吗?我虽然不主张用《金瓶梅》作中学课本,但是我反对这种"塞住耳朵吃海蜇"的办法!(2)还有一个救弊的方法,就是西洋人所谓"洗净了的版本"(expurgated edition),把那些淫秽的部分删节去,专作"学校用本"(即如柏拉图的"一夕话"(symposium)有两译本,一是全本,一是节本)。商务印书馆新出一种《儒林外史》,比齐省堂本少四回,删去的四回是沈琼枝一段事迹,因为有琼花观求子一节,故删去了。这种办法不碍本书的价值,很可以照办。如《水浒》的潘金莲一段尽可删改一点,便可作中学堂用本了。

当然高师版亦有和《新青年》版差不多的激烈文字,如谈到现行中学国文科中哪些具体学科该被摒弃时,高师版里胡适的言辞对商务印书馆就丝毫未留情面:

习字、文字源流、文学史都废去,习字尽可在课外练习,不必空占时间,所以废去。文字源流可以不必教,并且现在用的商务印书馆出版的书是很荒谬的,文学史也是商务印书馆出版的,也是一样的荒谬,《文法要略》(按,指商务印书馆的《共和国教科书——文法要略》,庄庆祥编,商务自夸此书"条理明晰,引证恰当,繁简得宜")简直是八股体,所以也应该另编。

《新青年》版里这段文字虽然也是一样不客气,但直接抨击商务的话已被悄然隐去:

> 这表里删去的学科是习字、文字源流、文学史、文法要略四项。写字绝不是每周一小时的课堂习字能够教得好的,故可删去。现有的《文法要略》《文字源流》,都是不通文法和不懂文字学的人编的,读了无益,反有害。(孙中山先生曾指出《文法要略》的大错,如谓鹊与猿为本名字,与诸葛亮、王猛同一类!)文学史更不能存在,不先懂得一点文学,就读文学史,记得许多李益、李颀、老杜、小杜的名字,却不知道他们的著作,有什么用处?

第二,高师版和《新青年》版相比,文章中推介谁、不推介谁、如何推介都发生了较大的变化。在高师版中胡适对梁启超和林纾都有值得玩味的评论,他说:"若是高小办得好,任公的浅近文字一定已经能看!"说到林纾则认为:"琴南早年译笔还谨慎,不像现在的潦草。"说到"提倡自己看书"时,胡适更恳切地抒发道:"看了一部《茶花女》比读了一部《古文辞类纂》还好。按良心说,我们的成绩完全是从《三国演义》《水浒传》《新民丛报》等有系统有兴味的文章得来的。"

以上这些话在《新青年》版中是看不到的,只有一句还略留些影子,其实也已变了味道,即"与其读林琴南的一部《古文读本》,不如看他译的一本《茶花女》"。

那么《新青年》版中出现了谁呢?大致都是胡适的朋友和他的"同道中人"。在谈到"读长篇的议论文与学术文"时,《新青年》版加上了这样一段话:"因为我假定学生在两级小学已有了七年的白话文,故中学只教长篇的议论文与学术文,如戴季陶的《我的日本观》,如胡汉民的《惯习之打破》,如章太炎的《说六书》之类。"在谈到中学古文的教材时,胡适则说,蔡孑民的《答林琴南书》、吴稚晖的《上下古今谈序》,"又如我的朋友李守常、李剑农、高一涵做的古文,都可以选读""平心而论,章行严一派的古文,李守常、李剑农、高一涵等在内——最没有流弊,文法很精密,论理也好,最适宜于中学模范近古文之用"。

高师版与《新青年》版如此多的"相异之处"提醒我们,在新文化运动上下左右拓展时,即使是同一题目的文章,作者对讲和写的区分、对不同场合说什么话的考虑、对文字增删加减的斟酌等都是不应忽视的问题,此之谓新文化如何"到手"。同时,接受者对于此题的期待与关注为何,其通过何种渠道读得此文,又产生了哪些多歧的反应和回应亦是有趣的论域,此之谓新文化如何"入心"。以下就围绕《中学国文的教授》对这两点略论之。

胡适一开始对此文就有一个讲和写的不同定位。当天听演讲之人大概百余众,至多数百众(仍可细考)。即使形诸文字,《北京高师教育丛刊》的读者亦有限。与之相比《新青年》就大不同,保守估计销量都在几千份,若加上借阅、公览、同读和转摘的数字,说数万读者亦不夸张。因此胡适的策略是,既然演讲在前,听众亦有限,不妨语气稍缓、论人稍厚,以便"投石问路",因为他相当清楚这一话题将造成的轰动效应。演讲过后他大概听了数天来自各方关于其说的"风传"与"意见",最终形成了《新青年》版(文章创作大约起于3月20日,终于24日,其后应还有增删)。

在《新青年》版中最能体现胡适听过"风传"和"意见"的有两处。一个在如何定古文教材的量上。胡适先抛出了对手的问题,即:"我拟的中学国文课程中最容易引起反对的,大概就在古文教材的范围与分量。一定有人说:'从前中学国文只用四本薄薄的古文读本,还教不出什么成绩来。现在你定的功课竟比从前增多了十倍!这不是做梦吗?'"然后胡适做了三点回应:一、从前的中学国文之所以没有成效,正因为中学堂用的书只有那几本薄薄的古文读本;二、请大家不要把中学生当小孩子看待;三、我这个计划是假定两级小学都已采用国语教科书了。

另一个是在结论上,胡适明确说:"我演说之后,有许多人议论我的主张,他们都以为我对于中学生的期望太高了。有人说:'若照胡适之的计划,现在高等师范国文部的毕业生还得重进高等小学去读书呢!'这话固然是太过。但我深信我对于中学生的国文程度的希望,并不算太高。从国民学校到中学毕业是整整的十一年。十一年的国文教育,若不能做到我所望的程度,那便是中国教育的大失败!"

反观高师版,因属"投石问路"阶段,所以以上两处胡适的措辞都大不一样。对于古文教材的量他只是说:"这些教材的时间上的分配,我不敢武断,由教员实地实验去决定。我所定的教材范围,似乎太大、太广、太高;但是平心而论,并不大、不广、不高。"结论也只是简单一句,态度亦相当谦和:"今天我大胆在这里演讲这无根据的理想的教授方法,我希望有实验机会的人去实验实验看,给我一种教训。"

很明显,在演讲稿向发表稿转化的过程中,《新青年》版除了"立说"外,也在对演讲后的"风传"与"意见"做了回应,甚至是"反击"。因此胡适的行文更多"超越常轨独抒己见之言"(金毓黻语),就像日后他对李璜说的,"有意这样说""引起人来骂,便更好、更足以造起运动"。

不过胡适试图以此文来"造运动"的努力并不算太成功,1922年他作《再论中学的国文教学》直接承认:"两年以来,渐觉得我那些主张有一部分是经得起试验的,有一部分是无法试验的,有一部分是不能不修正的。"

胡适为何如此说?实源于《新青年》版问世后热闹有余,但反馈其实并不佳。从新文化的"到手"看,听胡适演讲或看演讲记录稿的毕竟是少数(当然有人是根据高师版写讨论文章的,如钱穆)。大多数人对于此文的"到手"是通过《新青年》和衍生自《新青年》的《胡适文存》版、《国语文选》(沈镕编)版和《新文学评论》(王世栋编)版。(按,这些还都是"完整版本"。1921年朱麟公编的《国语问题讨论集》则把胡适的文章斩得七零八落,然后放到不同的部分里去。)他们并不能了解胡适前后两版"增删"的深长意味,由此在心中都或多或少产生了一些疑问。

如1919年7月胡适在《每周评论》第31号上曾发表《孙文学说之内容及评论》一文,其中批评道:"书(《孙文学说》)中有许多我不能赞同的地方,如第三章论中国'文字有进化而语言转见退步'。"但仅过一年多,在《中学国文的教授》里,胡适却又夸孙中山"曾指出《文法要略》的大错"。其实《文法要略》一书的编者是庄庆祥这样的小角色。胡适先在高师版中以之骂商务,这里提到它也只是为了向中山先生"示好"。但从读者角度看去,中山先生对《文法要略》的"指错"同样出现在胡适不赞同的《孙文学说》第三章,这变化实在太"迅速"了些。他们不知道相较一年前,胡适与革命党的关系此时正在"蜜月期",所以《新青年》版中才会连续出现孙中山、戴季陶、胡汉民等多位革命党大佬和他们发表在《建设》上的大作的名字。

更重要的是,在《新青年》版中胡适说得太斩钉截铁和振聋发聩了。就像缪凤林所言:"先生那篇《中学国文的教授》有许多见解,言人所未言——并且是不敢言的……先生曾说'生平主张,只求空前',这也可算是一种空前呢!"而正因"人不敢言"与"空前",文章引发了大量的反对声音。

梁启超就直接说:"教授国文,我主张仍教文言文,因为文言文有几千年的历史,有许多很好的文字,教的人很容易选得。白话文还没有试验得十分完好,《水浒》《红楼梦》固然是好,但要整部地看,拆下来便不成样子。"又说:"若小说占教材中坚位置,稍有教育常识的人,谅来都不能赞成……为教中学生起见,我真不敢多用这种醉药。晁盖怎样劫生辰纲,林冲怎样火并梁山泊,青年们把这种模范行为装满在脑中,我总以为害多利少。我们五十多岁人读《红楼梦》,有时尚能引起'百无聊赖'的情绪,青年们多读了,只怕养成'多愁多病'的学生倒有点成绩哩。"

梁启超有这样的看法并不令人讶异,因为他和胡适的观点交锋远非这一次。更须注意的是,胡适阵营内部好像也多有人不认同其观点。最典型的是为胡适演讲做记录的周予同的文章(以下简称"周文")。

周文题为《对于普通中学国文课程与教材的建议》,发表在《教育杂志》第14卷第1号(1922年)上,文章基本定稿于1920年10月24日,即《新青年》版发表后不到两个月。在周文里虽处处出现"胡适之先生说",但字里行间却处处有对胡适文章的"反对",且大多是明确、不客气的"反对"。周文开篇就批评一些作者:"每每不明了学科的性质和学生的程度,将个人的经验或嗜好作为一般的标准。譬如他自己是个天才,是个'小说迷',那么就主张非读二十四史不可,非看过五十部小说不可……我以为这种见解,在实际上固然比现在中国国文教师高明得多,但就形式论,恐怕和从前的'妖孽而非选学,谬种而非桐城'的老夫子们死劲教学生读文选、读古文辞类纂,陷于同一的误谬。"又说:"《文法要略》不但不能删去,并且应该大大扩充。""胡适之先生主张用'看书'来代替'讲读'……但我主张看书和讲读都不可偏废。"

这些还都是枝节,周文的重点在几近推翻了胡适对于"古文"乃至语体文选材的标准和观点,直接提出:"我觉得胡适之先生的主张,说看二十部以上、五十部以下的白话小说,自修的古文书……都要看,这不但是时间上办不到,就是办到,方法也似乎太笨。"因此在周氏看来除了改良教科书外,要多编国语文选本、文言文选本等等,而选材标准是:

一、凡思想学说带有神权或君权的色彩,不适合于现代生活,或不足为将来生活的指导的,一概不录。

二、凡违反人道或激起兽欲的文章,一概不录。

三、凡卑鄙龌龊的应酬文章和干禄文章,一概不录。

四、凡虚诞夸浮的纪传碑志及哀祭文章,一概不录。

五、凡陈义过高,措辞过艰,已入哲学专门研究的范围,国语如罗素《心之分析》《物之分析》的讲演录,文言如庄子的《齐物论》、墨子的《经说》,主张以学生的程度为本位,一概不录。

……

可见若依照周文的标准,胡适所谓"不分种类,但依时代的先后,选两三百篇文理通畅、内容可取的文章"不知还有多少篇"可取"？在胡适看来一个中学堂毕业生应该读过的前四史和《资治通鉴》《通鉴纪事本末》《孟子》《墨子》《荀子》《韩非子》《淮南子》《论衡》《诗经》等等,不知还有几部能看？（按,《新青年》版中胡适通篇未提《庄子》,但在高师版中《庄子》却还在较高的位置。在他拟定的"中学国文的目的"四项中,第二项是人人能看平易的古文书籍,如廿四史、通鉴和《孟子》《庄子》一类的子书。而周予同直接说不录《齐物论》正显露了他既在对《新青年》版发言,又在对高师版发言,同时也证明除了"孔教"之书外,特定"子书"能否入教材亦有大争论。）

具体到胡适力主入教材的《水浒》《红楼梦》,周文的意见竟在相当程度上和梁启超相似,认为：

近人主张取为教材的两部小说——《水浒传》和《红楼梦》——我以为都有商榷的余地。我不主张看《水浒传》,和我不主张选语录的一部分理由是相同的,就是因为《水浒》杂了许多宋元时代山东一带的方言……《红楼梦》是问题小说,是有主义、有思想的著名小说,这人人都知道的,但作者的艺术手腕太高,每每引读者入大观园,而无暇细细研究他艺术上描写的方法。就我个人的经验说,我从十五岁看《红楼梦》,到现在三次了,没有一次不赔眼泪。去岁夏天决意用文学的眼光去看,结果仍是失败。中学第一二年级生正当感情强烈、生理心理发生变动的时候,而中国对于性欲教育又太没有研究,能否绝对不发生恶果,确是一个大疑问。(按,1922年,周予同发表在《教育杂志》上的另一篇文章明确说:"就我现在的直觉,我觉得在初级中学提倡看《红楼梦》《西游记》,不如看近人的点滴、易卜生集、《隔膜》;在高级中学与其叫他们看廿四史、《资治通鉴》,不如看《史通》《文史通义》等。")

周予同对胡适的种种"反对"清晰地折射出新文化"入心"的过程并不是一个单向纯粹的启蒙过程,而是一个曲折繁复的双向乃至多向的互动过程。

一方面被启蒙者并不是任人摆布的提线木偶,他们有自己既有的思路和观念。这些思路和观念固然会因新思潮的冲击而大大转化,但转化一般亦是新来和固有的结合,同时又有结合后的嬗变,由此新文化入个体之心后会表现出复杂纷歧的样态。

有稍作引申之人,有认同部分之人,有形似而内里全变之人,亦有形不似而内里相同之人。

另一方面这一过程并不全然和纯然关乎思潮,更和每一个启蒙者与被启蒙者的现实处境相关。这正如斯金纳所言,不能把思想者的文字或言辞仅仅看作他对某种信念的"肯认",而是要注意他们用思想来"行动"的那一面。胡适的困境正在于他并非只是在谈"中学国文的教授",其背后夹杂着人际网络的经营、亲疏友敌的区分、教育部令的催迫和扩大声名的私念,那么胡适的读者同样也会利用他的文章来"做事"。如陈望道就以《中学国文的教授》来影射胡适政治立场的"不可信",认为他与研究系关系暧昧。周予同虽无那么强烈的党派之见,但其相当明白迅速参与这样的讨论,对胡适的观点支持也好反对也罢,都是引起新文化圈内部注意的快捷方式,这从周氏急切地提出自己的"中学国文的理想标准"可见一斑。更重要的是,周予同道出了诸多同读胡适文章之新青年的心声:胡适大文虽在态度上可认同之,名气上可追随之,但若真要付诸实践委实陈义过高,特别是书目太多,且看重"古文"。吾等青年以十余年来"降教"之程度,最好是能少读书,读简易的书,甚至不读书(对于此点缪凤林是一例外,但他对于胡适的"古文"选材也是大有意见)。而胡适虽然自以为面向这批新青年发言,但却因暴得大名过快、登大学讲坛日久而已露不接地气的迹象,此亦成为他慢慢显现"落伍"形象的起点。

李无隅：
一个五四青年的生与死

　　五四青年的死亡是一个沉重而又需要直面的话题。自杀、恶疾、横死等种种惨人心目之事似乎总是围绕着这批十多岁到二十来岁的年轻人。不过他们的故事经常如流光碎影般不可捉摸，大概总是其不够有名的缘故，难以进入五四历史的大叙述；又或者是他们中的大部分并不是被传统所吞噬，而是"被现代缠绕得苦了"。诗人李芳（无隅）就是这样一个寂寂无闻、暴病而亡的"苦人"。如果不是有他的老师朱自清和好友林醒民、白采、周了因等为其遗诗集《梅花》的出版奔走呼告的话，他大概都不如自己笔下那"无知的海潮"，因为海潮"至少也要留此痕迹在岸上呢"！由此本文尝试着收拢一些旁人看诗人和诗人自己留下的痕迹，以观察和体会一个五四青年平凡但又意味深长的生与死。

一

　　诗人是温州平阳人，据朱自清说，他家中从前还富裕，后来不知因何中落，因此他大概算一个破落家庭出来的飘零子弟。

在1923年8月去世之前，诗人五年之中颠沛辗转了五个学校。目前从已有资料可知，他就读的学校中有浙江第一师范和上海美术专门学校，即他从浙江边缘的温州先进入省会杭州，然后又来到口岸巨埠上海。对于一个飘零子弟来说，这进城的每一步都不容易，首当其冲的是经济的窘急。

浙江第一师范是不收学费的，膳费要交一半（十八元），还有来回路费和日常用度。曹聚仁来自浙江金华，差不多和诗人同时入校。曹氏就说这所有费用加起来家中每年要卖掉二十担新谷，相当于足足十亩田的收入。因此曹聚仁每月零用只有一元钱。而另一个一师学生梁柏台只是因家中给他寄来五元，就已觉"致大人增加重担"。

这还只是省会杭州和师范学生的生活水准。到了上海，又进入美术专门学校，诗人的经济压力陡然再上了几个台阶。据《1922年上海美术专门学校学则》，诗人进的是学费最高的高等师范科西洋画科，每年学费五十二元；此外宿费四十元，膳费五十元，还有画服费、用品费、旅行写生费、校友会费等，均须于入学时一笔缴清，学校才给予入学证券，编级授课。

不难看出，这些费用中仅学费一项就超过了诗人杭州求学时所有费用的水平，何况"图画是花钱的东西，若是勤学，一人须花二人的费用"。其生活之困顿可想而知。这困顿从他的住处就可见一斑：大约是为了省那四十元的宿费，诗人只能蜗居在浦东万年桥附近小弄堂里的一个亭子间里。在沪时，诗人也曾学过俄文，想离开上海去北京见世面，却经常被作为家中债主的表亲来信喝止，告诉他"不要看俄文，不要往北京，不要胡思乱想"！

所以相较诗人,能去到北京、进外交部俄文专修馆读书的瞿秋白真可算是幸运。

最后诗人"骤病 天死了",身后事是几个同乡学生凑钱办的。因为大家都穷,收敛草草,棺木根本无处下葬,只能暂时寄放。诗人父亲曾想将棺木运回平阳老家,但苦于无钱——运费要几十元。

伴随着经济窘急的是诗人入城后个人理想的难寻。应该说他将要往上海去时,虽然知道即将面对进入大城市后的重重困难,但也心存对前路的希冀和向往,这从他的两首诗中可以看出些端倪。一首叫作《梅花》,写在他从杭州动身之前,说:"既晓得'后其身而身先',我不妨退一步!既晓得'祸兮福之所倚',我不妨吃吃苦!"在沪杭火车上他又写道:"草儿如无数的线,花儿如一闪的电;坐在火车上,立刻见到生命的迅速,并觉得它是继续不断的。"

但这种希冀和向往与诗人之后的境遇相比实在是脆弱不堪。诗人一直以来读的是师范,照常理应向着做教师的路上走去。但正如朱自清所问:"我们对于教育既没有真正的兴趣和能力,也不想以此为终身之职业,则不如痛快地莫干。(但是)如我们这种文丐,不作教书匠又作什么?这真是万分为难。"诗人大概正陷入了自己并不想做老师但家人又指望他未来以此养家糊口的尴尬境地。他真正热爱的是作新诗,但无论是创作新诗还是创作后获得承认,在 20 世纪 20 年代其实都极其不易。

当时不要说旧派人物,就连新派人物对"新诗"都未必看得上。周予同为中学生推荐读物时就直接说:"近人的新诗作品很多,并且有许多印成专集,但私见觉得不成熟的作品居多,故一概不录。"浙江一师新派教师的"四大金刚"之一夏丏尊则隐晦表达过他对新诗的"忽视":

> 我自来缺少(对)诗的理解力和鉴赏力,特别是新诗。旧友中如刘大白、朱佩弦都是能诗的,他们都有诗集送我,也不大去读,读了也不大发生共鸣。普通出版物上遇到诗的部分,也往往只胡乱翻过就算。白采的诗被我所忽视,也是当然的事了。

奇妙的是,被夏丏尊"忽视"的白采其实也和夏氏的认知相似。他告诉诗人,新诗之类是"饿了吃不得,冷了穿不得"的无用之物,而且"若是积聚愈多,徒然添些烦闷!惯于向堕落,不思进取,重茫昧,不重精析;反为牵动得心神都不宁,于少年实不相宜"。

因此这种"于少年实不相宜"的东西即使诗人努力写了若干,并且也达到了相当水准,但在文学青年汇聚的上海,梦要成现实、作品要成铅字真是不容易。当时有人提到新作者出版不易时就说:"假若你只是一位未成名的著作家,假若你又没有名人给你吹嘘介绍,那么你的作品便只能在书局底编辑所中旅行,而绝不能在书局底发行所里占得一席,于是你底著作家生活便只好宣告终结了。"

和这段牢骚话相比,现实要更加残酷。1924年朱自清已算在新文化圈中很有些名气,但他为诗人遗稿《梅花》的出版仍然碰了好几回壁。据他的话说是"几乎已经绝望"!《梅花》要到诗人死后整整六年才正式由开明书店付印,更遑论诗人若在世,由他自己去闯世界、找门路和讨人情!

二

诗人独自在上海飘零,性格又"生而多感",这样的性格和处境令他多情而渴望着爱。但经济的困窘、样貌的平凡(据白采说是"面目瘦削,目眶深陷,两目突出")和新旧之交的社会处境使得诗人在寻爱途中屡屡碰壁。

诗人早年在平阳老家爱恋过一个女子,但后来两人劳燕分飞,女子嫁作富家之妇。正所谓:"她现在有了丈夫了,她现在已做了个大家的媳妇了。有了丈夫的女人是不好和男人谈天的,做大家底媳妇更不该啊!她不像从前的要和我说话,或者也懂得这个道理吧?从此她不能再叫我'慧哥',我也不好再叫她'芊妹'了。"

与"芊妹"无缘后,诗人大概是顺了父母的意,在老家成了亲,但这门亲事肯定不能让他感到满意。到了上海,美专里有男女同学,诗人接触异性的机会多了不少。诗人就此放下旧情,忘却家眷,在都市中寻找起了真爱。

他先求一位懂些文墨的女同学做朋友,频繁去信,"信上恭而且敬的喋喋不休"。后又因为一种错觉,向一位仪态大方的女同学凭空地絮絮叨叨又写了许多。诗人两次求自由爱的努力都不幸失败了,而且从周边人的眼中看去,他这两次贸然的举动,不但得不到同情,还受了意外的侮辱和难堪。白采就认为,若这样的事出于轻薄少年,犹可事过境迁,或反捏词诋毁。但在善感的诗人那里是非同小可之事,令其一恼再恼。于是那些闷在心里的怨气,发在身上日冷夜灼,导致诗人大病了几天。病后他倒是"变革向来的习气,便觉比从前老成多了"。

求爱之路不顺遂并不是诗人自己的苦恼,而是五四青年的常态,经常使他们已烦闷重重的心上又添一层更厚的烦闷。这背后实际反映了一个个脱离家乡、大家族、小家庭的孤独者在都市中感受到的寂寞和隔膜。诗人在上海至宁波的轮船上就写道:

> 素不相识的人面,素不相识的人心,来同享这风波的生活,早已习以为常了。从他们底眼中看出一个冷淡的我;从我底眼中又看出许多可怜的他们。这中间——这中间,说薄呢,仅隔一张纸;厚,又何止万重山?这就是所谓人间世了!

在上海游园时,诗人又大有感慨,说:

> 半淞园里有山,有水,有花,有柳。红红绿绿的,向我含笑,好像我底旧相识。里面又有许多游人,有男,有女,有老,有少。也许他们底红红绿绿胜过花和柳,却个个都是隔膜的。

既然倍感都市中人的隔膜,那么诗人为何不"归去"呢?其实对于家,诗人的感觉是复杂而尴尬的。

一方面"归去"并不现实,长年的离乡使得诗人距家人父子等旧日伦常关系越来越远。他和好友也很少谈起家中的事,足见在日复一日的孤独生活中,诗人与家之间渐渐淡漠,渐渐疏离。更重要的是父母、妻子、兄弟或多或少都有些埋怨诗人不断求学给他们带来的负累,同时又希望多年在诗人身上的"舍本求利"不要落空,希望诗人能早日在外功成名就,再衣锦还乡、光宗耀祖。这些都成了他有家难回的缘故。

另一方面诗人的实际境遇与当时万千中国人相似,进了城,却仍留着一根尾巴在乡村。诗人并未决绝到与家庭、家族彻底断绝关系,他其实相当在意自己是不是"失巢之鸟""丧家之犬"。正如鲁迅所说:"从近时的言论上看来,旧家庭仿佛是一个可怕的吞噬青年的新生命的妖怪,不过在事实上,却似乎还不失为到底可爱的东西,比无论什么都富于摄引力。儿时的游钓之地,当然是很使人怀念的,何况在和大都会隔绝的城乡中,更可以暂息大半年来努力向上的疲劳呢。"因此诗人仍偶有回家省亲的举动,而且从他所写的回乡诗中可看出,久居上海后回到温州老家,其内心是非常愉悦的:

> 带一般的河,带一般的路,青松、乌、竹林、梅树,密密地藏着村舍数间,微微地起了炊烟数缕。转过山湾,走过小桥,便眉开目展,百念全消——却是我家到了!我家到了!
>
> 阿妹和两个小弟看见我,叫了声:"阿哥,你归了!"父亲、母亲都含着笑容,呼一声:"儿呀,归来吧!"还有个她,

她呢,只背着人低声地说:"你为甚来得这样晚?"这一问,却引起我一种异样的感觉;不知为什么,只是说不出。

满盘笋,满盘鱼,满盘的野蔬,竟使我忘却了风涛底滋味。家人底慰语,邻人底慰语,情人底慰语,竟使我忘却了四围底咒诅。找什么同情?寻什么正路?罢了!罢了!我家自有真乐趣!

但初进家门的感情再新鲜浓烈,对于一个实际已如浮萍般无安身立命处的五四青年来说只是暂时的,有时短到不过区区几日而已。几日之后,诗人眼中自有"真乐趣"的家就变了副模样:

吃罢了晚饭,闲倚篱门,看那四山渐渐的做就黄昏。农夫背着锄头归,鸟儿纷纷入了林。只可怜那暮色苍茫的古道上,踉跄着,踯躅着,一个失意的行人!

三

失意行人的形象附着的是诗人不得不面对的经济问题、社会上升问题、恋爱问题和家庭问题,这种种人生问题对诗人和万千五四青年来说总要求一个解答。但在20世纪20年代初,新文化运动内在的结构性矛盾恰使得其越来越无力解答青年面对的人生问题。这首先表现在新文化的应和者越来越多的同时,其整体形象却趋于坍塌。

1919年李大钊特别写了一篇文章叫《什么是新文学》，按照他的标准大概很少有作品可算得上真正的"新文学"，但李氏自家园地——《新青年》和其学生之势力范围——《新潮》上的作品总有不少应能纳入真正的"新文学"行列。但到1924年已有学生直接说："我们的国文先生的学问，我们已给他计算出来了：六本《新潮》，十二本《新青年》。"这种说法颇值得深思，本来那些国文先生尤其是小地方的国文先生若能读《新青年》和《新潮》里的文章，应是数年前新文化运动巨子们所热切期望的。当理想终于成为现实后，却变为只是区区"杂志之学"，就颇令人诧异了。因为这带来了一个问题：若国文先生们能读《新青年》和《新潮》都犹嫌不足，那么追随新文化运动的青年们到底该读什么呢？这实际提示着新文化运动正走向深刻的分裂。

这种分裂清晰地体现在白采会向诗人揶揄讽刺那些所谓新文化的"提倡先生"。在白采眼中，"提倡先生"们坐在学校、报馆、书局里拿着月薪，整日里"挥掇我们，去跟着摇旗呐喊"，将"艺术的人生""人生的艺术"等等说得天花乱坠。由此"纯朴的青年脑筋里，都赐给一个永不切实际的幻梦"。其实这批人日夜张罗奔走的是洋房、汽车和爱人。青年费了心血的作品，他们何曾真有心思看过一回？却害得青年有田不守，有家不归，父不以为子，妻不以为夫。

白采的这番话部分折射出新文化的提倡者在当时青年心目中的低劣形象。这就引出了新文化运动走向深入后的第二个矛盾——青年引领者表与里的落差。

新文化运动时期，无论在北京、上海、杭州等中心区域，还是在各个地方上都有不少充当着青年引领者角色的潮头人物。这些人物带领青年阅读新书刊,谈论新思想,为他们答疑解惑,扫魅去魍。但需要注意,那时读书人的代际更替较从前要快得多。这些引领者其实都比其追随者大不了几岁,甚至还要小几岁。诗人的引领者就是如此。他的老师朱自清,求教对象白采、周了因等也年纪不大,亦处于深深的迷茫和困境之中。引领者内里的不确定导致的是被引领者更深重的自我怀疑。诗人曾写过一首诗叫作《什么时候才会觉醒呢》,但没几天,只是因为周了因对他说:"文学真是没用,除非天天催人去死罢?"他就写了另一首诗名《觉醒后的悲语》,其中颇绝望地说:"文学始终是生底挽歌呵,但我们总是天天在这儿苦唱着。"

在20世纪20年代,青年的"觉醒"其实是难求的,而他们"觉醒"之后却仍在悲语;文学是要青年耗费心血去做的,但最后仍成了"苦唱"和"挽歌"。这种困局逼着诗人从书本、报纸、杂志和稿纸中抬起头来看看周遭的世界。但他的脑筋已被各种各样的新学说"跑过马",肉身又陷于现代病症充盈的"魔都"上海,诗人能看到什么呢?

看街头,诗人发问,一样的街上,为什么来往着许多不平等的车辆?男女老幼整日在这里跑来跑去,究竟为的是什么?在诗人看来,这个问题"要等没有这条街的时候,才会解决呢"!

看租界,诗人发现了资本家的极欲和穷奢,因为他们吃的是山珍海味,住的是黄金楼阁、锦绣院落。

看自己和这座城市的关系,更是一堆问题和矛盾。在诗人眼里:"我所处的地方是黑暗的广场,我底伴侣都是凶恶的魔鬼和昏闷的醉人。我所见到的东西都是杀人的利剑。我是为光明来的,为什么走入这个地狱?我是为找同情来的,为什么反遇了隔膜?我是为讨微笑来的,为什么偏碰着了仇敌?我底希望被他们夺尽了,我怎么还恋恋于此呢?"

这种发抒因个人内心的烦闷而起,最后则指向现代都会的暗面。宗白华在给郭沫若的信中也曾说道:"上海这个地方同我现在过的机械的生活,使我思想不得开展,情绪不得着落,意志不得自由。"这些话都指向了新文化运动的第三个深刻矛盾——当传承数千年的家国天下连续体已被撕裂,正亲身经历着现代"大脱嵌"过程的青年们究竟往何处去?

以往我们把五四青年的"冲决网罗"想得实在太过容易和太过坚定,同时也对他们"冲决网罗"后的境遇与心情关注不多。其实"冲决网罗"若真的如此容易,青年们的"激进化"潮流反而不易如此洪猛,但当时青年的处境和心绪用另一个词形容反更为妥帖——"进退失据"。杨昌济就发现青年们既"对于旧有之道德既存蔑视之心",同时又对"东西各国民所以立国之根本复无所闻知",因此经常"怅怅无所之",在他看来,"此极危险之现象也"!

危险在何处呢?危险在"怅怅无所之"的状况不会一直持续下去,总有其突变之日,而突变的表现就是青年的迅疾"左转"和膜拜"主义"。王汎森即指出,"左转"和膜拜"主义"能够为原子化的、脱嵌出传统意义世界的青年们提供大经大法,赋予他们生命意义和目的感,使得他们对日常生活中极度的烦闷与困惑抱有一线解决的希望。1923年前后,诗人就成为"左转"大军的一员。在诗人看来他身处的这个"现代"实在是恐怖的——"狰狞的像个魔鬼""口中所吐的气能变成瘴雾",总是把"黎明般的希望之光,弄成地狱般的黯淡",于是他要起来革命了。

因为诗人的"革命"是面对整个恐怖"现代"的,所以其是爆发式的、大席卷的和终极性的。这样的革命对象众多,在诗人那里既有资本家,又有强暴者,还有智慧者。因为"资本家压迫我们的贫乏,强暴者征服我们的无力,智慧者玩弄我们的愚拙","财产,军政,学术——所有的一切,无一不是杀天下杀后世的啊"!由此就必须"打破财产阶级,打破势力阶级,打破智慧阶级,来做一番宇宙万有的大解放"!

不过诗人因其早夭而无缘得见这种宇宙解放式的"革命",但有意或无意闯入"革命"竞技场的青年则更多。"革命"是他们应对恐怖"现代"之挑战的决绝方式,但也令他们被现代的桎梏缠绕得更紧、更苦。这种苦按照瞿秋白的话来说是"要往后退是不可能,要再往前是实在不能胜任了"。于是他们中有相当一部分就变作了十余年后说着"多余的话"的"多余的人"。

胡适、"园丁"与《燃犀》

1928年4月24日,胡适本来就不太愉快的心情被一篇文字又拉拽了一下。这篇文字就是作者署名"园丁"的小说《燃犀》。第二天,胡适给京报社编辑主任写信道:

我不认得作者"园丁"先生,但我想托先生转达一点意见。我只见了这一期登出的《燃犀》,其中已有许多地方是完全错误的。如:

(1)我结婚时,先母尚未死,此书中所说完全错了。

(2)林琴南并不曾有在路上拾起红女鞋的事。我们可以不赞成林先生的思想,但不当诬蔑他的人格。

(3)当陈独秀先生做北大文科学长时,当蔡先生掌北大时,林琴南并不在北大当教员。

(4)他给蔡孑民先生的长信,并不是辞职的信。

(5)作者引我的新婚杂诗,其中多割裂讹误。

本来这种用活人做材料的小说是很不易做的,做的好也不过成一种闲话的资料(gossip)(按,曹伯言先生整理的各种《胡适日记》均误作gossi),做的不好便成了谣言的乱谈了。"园丁"先生有志作文学,似宜向真材料中去努力,不宜用这种不可靠的传说材料。质之作者,以为如何?

这段出自胡适日记的话多有研究者引用,他们的解读不少从胡适为林纾"辩诬"出发,说明胡适对待林纾"厚道"。却基本无意去问:"园丁"是谁?他为何要写《燃犀》?《燃犀》写了些什么?这部小说背后折射了什么?这些问题均值得做些更深入的辨析。首先要考察的是"园丁"为何人。

一

胡适的信由京报社转给了作者"园丁",他的复函公开发布在登载《燃犀》的《饮虹周刊》上,内云:

适之先生:

顷由哲民兄转来大札,不胜愉快。因为我已要在下一期上发表《三论新诗问胡适之先生旧话重提》一文。时光过得真快,先生还记得那一年在南京青年会梦华兄订婚席上,坐在您身旁的那一个十七八岁的大学生么?那个人就是我,我如今已是二十四岁的人了,并且混得一名大学教授了。先生,你记得他的名字罢?行不更姓,坐不更名的"某某"呀!

这几年间,我跟随吴瞿安先生在金元这所荒僻的田地中讨生活。自己觉得已经理出一丝头绪来,并且因此对于新体诗,略有一些具体的主张。这回先后向曾孟朴前辈、闻一多兄提出来的,便是鄙见之一部分,还望您多多指教呢。

至于写《燃犀》这部长篇小说的动机,不妨先告诉你。就是平常一班朋友在一块儿闲谈,说到东,说到西,有时很令人好笑,也有时令人增加了解的能力。我于是感觉到文人多方面的生活,想把它写出来,以为时人观察文坛现状之助。一方面我可以练习描写的手段。所以相识的朋友如郑振铎、闻一多、梁实秋、郭沫若、郁达夫、田汉、滕固、成仿吾、朱湘等,和不相识的一些前辈,甚而至于我自己都想写进去。因为不是作个人的传记,所以有些想象的,不全是事实。

文人可以说是怪人,《燃犀》所烛的是这般文学界的怪人,非妖怪之怪也。全篇以幽默为中心,丝毫无攻讦的意味!诚然,何识时或许就是先生,所写违背事实的地方,当然有的,因为我原来有些想象在里面的缘故。

来信所说"这种用活人做材料的小说是很不易做的,做的好也不过成一种闲话的资料"。不错,我很感谢你的忠告,然而吴敬梓作《儒林外史》,其中同他同时的人还不多着吗?就是曾孟朴的《孽海花》,其中又何尝不是以活人为材料?若说不符事实"就是这谣言",那是非后学所信矣!根本上小说绝不是完全的事实,我觉得这一桩桩都是"真材料",所以才试作此书的。

信中所列第二条,林琴南先生拾女红鞋的事,的确是事实。王晓湘老先生(名苏,林氏弟子)固亲口对我说过。我还另外听见林老先生的亲戚也说过。实际上拾女鞋不能说诬蔑他的人格。先生又以为如何呢?

其他,第一、三、四条承你指出,我想在全书完成以后,再酌量删改,第五条原诗之割裂讹误,是我有意为之,因为完全照原本,觉得一点味道没有了。总之蒙你先生远道惠书,加以指正,我是十二分感激的。

我们这个《饮虹周刊》的组织,在这儿我也可以说一说。这是去年我在苏大、南中任课的时候,一部分同学组成了这个文学团体。我因为南京的空气太沉闷了,所以很努力地帮助他们。现在已出了第七期,不知还足观否?甚愿时赐教益,以匡不逮!赐函请径寄金陵大学。

又阅报知先生新任中(国)公(学)校长,可贺,可贺!正望中(国)公(学)以后能做东南学术界的中心,我小"园丁"也可以放下花盆,前来摇旗呐喊的!

另外还有一件事奉托,阮石巢的《咏怀堂诗》,前胡步曾先生嘱为印布,我在上海接洽了好几家书店,至今还不能出版,你先生能为之助否?勿使古人心血一旦埋没也。稿存敝处,伫望覆音。

不知你的住处,所以仍在这儿发表,尚乞恕个罪儿罢!

园丁敬复,五月二日

由前信出现的各种讯息,结合其他材料,可以判定"园丁"是卢前(冀野)(1905—1951年)。理由为:

第一，卢前为吴梅（瞿安）的弟子，1905年3月生人，1928年虚龄24岁。

第二，1926年卢前从东南大学毕业后在大学、中学都有教职，1928年正在金陵大学任教，这才有信中说的"混得一名大学教授了"和"赐函请径寄金陵大学"。

第三，信中所云"南京青年会梦华兄订婚席"指1923年12月1日，胡梦华与吴淑贞的婚礼。不少文章像胡昭仰写的《胡梦华传略》均误作1922年12月1日，这一错误大概来自于《表现的鉴赏》重印本中胡梦华的前言。卢前为胡梦华在东南大学的同学与挚交，自然会参加。

第四，1928年8月30日，《京报副刊·文艺思潮》第19号上曾发表《新兴文艺之前驱》一文，文章直接署名"卢园丁"。而且从此文内容看大体就是卢前1930年出版的《近代中国文学讲话》（上海会文堂新记书局出版）的一部分。

对于卢前的研究，朱禧曾作《卢冀野评传》（江苏古籍出版社1994年版，以下简称《评传》），此后亦有十数篇论文。在材料获取不那么方便的20世纪90年代，《评传》算得上搜罗宏富，用力甚勤，足为后来者参考。但据笔者有限目力所及，《评传》与之后研究卢前的论文，大概都未注意到这部小说，主要原因是不知"园丁"就是卢前的笔名。若知此，大量卢前早期的文章将可浮出水面。

下面大略介绍一下小说《燃犀》的基本情况。小说从《饮鸿周刊》第4期（1928年4月8日）开始连载，胡适所见为第6期的连载。最后一次连载笔者所见为第9期（1928年5月27日），每期无间断,第9期并未终稿。小说以何识时(影射胡适)为主线,写了一部截至1920年左右的新文化运动简史。从小说的立场看,卢前所言"全篇以幽默为中心,丝毫无攻讦的意味"大概只是对胡适稍稍表示客气,当不得真。所谓"燃犀"出自《晋书·温峤列传》,本就有"洞察奸邪"之意。小说虽未作完,但从已有内容看,对胡适及其朋友们的讽刺、揶揄、捕风捉影甚至是无中生有大概比林纾的《荆生》和《妖梦》都不遑多让。从小说的水准看,它和卢前1927年在泰东书局出版的小说集《三弦》相似,"无论从思想深度、写作技巧、生活积累等等方面来说,都不能算是20年代的上乘之作"。因此我们不妨将《燃犀》看成当时二十岁左右的"新新党"对于"旧人物"和"新党"之风闻、传说和想象的集成,大概就有些趣味。这可以分别从卢前和胡适两方面来分析。

二

从卢前这一方来说,他的"生活环境"和"历史环境"对这篇小说的形成有双重合力的影响。从卢前的"生活环境"看,胡适与他的生活交集和他在大学毕业前的家庭变故是两个特别值得注意的因素。20世纪20年代初,胡适是全国青年共同瞩目的"明星",那是一个据章士钊说"以适之为大帝,以绩溪为上京"的年代,卢前也是这"瞩胡"大军中的一员。1923年12月胡适到南京讲学,同时出席胡梦华婚礼,这对卢前而言是个难得的机会,他可能准备了满腹的话要对胡适讲。但在婚礼上,胡适借致辞的机会宣扬文学革命,遭到了东南诸教授——梅光迪、吴宓、柳诒征等人的强烈反击,被人形容是"单枪匹马,陷入重围"。由此可以推测胡适当时压根没有工夫去搭理一个坐在他旁边的无名后辈。所以卢前回信中才会有"先生,你记得他的名字罢?行不更姓,坐不更名的'某某'呀"这几句陈年怨气破纸而出的话。如要做一类比,卢前的失落心态和欲留胡适在苏州一晚而不得的钱穆很近似!

在"明星"胡适带给青年卢前大失落之后,卢氏家庭也在他大学毕业前发生了剧烈的变故。据《卢冀野评传》,1925年冬,卢前父亲因劳累过度,出差青浦时在旅馆里急性中风而亡。自此全家十来口的生活全靠卢前在中学兼课的几十元月薪维持。所以易君左在《卢前传》中就说:"人但观其嬉嬉笑笑,而不知此诗人实负有两肩之重荷。盖卢生早孤,仅奉高堂菽水之欢,诸弟及子侄教育费皆其所负。"而且父亲的去世,对卢前来说不仅是需要扛起一家的经济重担,同时还真切感受到了家中支柱坍塌后的世态炎凉与人情冷暖。其诗《呈随三丈翰英》中就有"先公游宦江南北,平生不少云龙友;卅年苔岑管鲍交,唯我丈人输恩到身后。于戏!翻云覆雨见人情,试问高山流水何处有?"等愤愤不平之句。

大人物的漠视和家庭的困境让卢前表面看似学问颇得肯定,也有比较体面的教职,其实内心有重重压力,急须寻找学界更普遍的承认,宣泄压抑的情绪。而承认如何找寻,情绪从哪里宣泄呢?这就和卢前所处的"历史环境"有着密切联系。在这个"历史环境"的变动中,最重要的就是新文化运动向全国的拓展与由此引发的东南学风与新文化大风的对抗。

在新文化运动向全国拓展的过程中,南京的青年和各地青年一样也都会被此种风气围绕。据卢前说,十五岁在南高附中读书时,对于诗他只知道"乱读乱作",并无深切认识。随着"新文化运动又渐渐地扩大起来",胡适等人倡导的"诗体改革说"甚嚣尘上,这更使得他"彷徨歧路在这里面",荒废了好几年,不知道"涵养自己的诗趣,领略真实的诗境,探讨古贤的诗绩,徒徒想什么写什么,不假思索,不加锻炼"。

与卢前同学,1920年从河南转学南高附中(后来同样就读于东南大学)的郭廷以则回忆道:

> 我从开封带来不少新书、新杂志,到南京不惜花钱买得更多。杂志有《新青年》《新潮》《每周评论》《新教育》《星期评论》《建设》《新中国》《曙光》《新社会》《太平洋》《湘江评论》《闽声》《新体育》等,报纸副刊有《学灯》《晨报副刊》,新书有胡适的《中国哲学史大纲》、周作人自日本译来的《欧洲文学史》、陈大齐的《心理学》、陈映璜的《人种学》、梁启超的《尚志学会丛书》(其中有《新道理论》《群众心理》《革命心理》《中国人口论》等)、商务印书馆丛书(其中有郭耀根的《近代思潮》以及稍后出版的《社会主义史》《阶级斗争论》《到自由之路》《共产党宣言》)等。凡以新青年自居的至少要买几本这类的书籍杂志,以表示学问的渊博,而借以结交新朋友。一些爱好新文艺、具有新思想的同学看到这个插班生书架上那么多书,说:"这是了不得的朋友。"由此交了不少好友,最称莫逆的是同班的赵荣鼎(特夫)、卢正绅(冀

野)、黄素封(化育)、曾广菜,低一班的周同庆和高一班最早劝我读附中的乐焕文等。

一个是卢前时过境迁后自称"悔已无及"的回忆,另一个是卢氏莫逆之交对当时青年思想气氛的生动写照,都能够说明新文化运动对卢前和他周边人物有相当大的影响。同时卢前及其周边人物又在与新文化大风对抗的东南学风之中,这种学风在当时人和后来的追述中基本是以南京高师、东南大学和《学衡》为标志的。胡适曾说:"南高以稳健、保守自持,北大以激烈、改革为事。这两种不同之学风,即为彼时南北两派学者之代表。"《胡先骕小传》中则称胡先骕等人创办《学衡》,"提倡人文主义,与当时学术界狂澜抗衡,崭然树立东南学风"。

对此学界前贤多有精彩研究,此处不赘。不过需要特别指出,这种两造分明、标志明确的"理想型"描述大概适于对历史大势的分析,而不完全适于讨论具体人物,比如以卢前等为代表的东南大学的学生辈。要更深入地理解这批人物,需要进一步揭示新文化运动与东南学风既纠缠又对立的丰富多歧性。这一点牵涉甚广,我打算另作专文讨论,这里只做一个简单的概括:

第一,新文化运动中的新旧对立当然存在,且争夺激烈,但双方都已不能跳出自1895年后开始建构的新制度媒介——报刊、新式学校和出版机构。从这个意义上说新制度媒介已是新旧双方共同的基础平台,其不仅为新派,同时也为南高、《学衡》等"旧派"规定了运动的路径。"旧派"若没有报刊发表的机会,得不到新式学校的教职,丧失出版机构的支持,他们的声音就很难被听见，对于学生辈们尤其如此。

第二，新旧两派的对立除了造成读书人的分裂之外，也经常成为他们彼此"互渗"的源头与原因。在新派这一方，李大钊曾指出："一个学者一旦成名，他的著作恒至不为人读，而其学说却如通货一样，因为不断的流通传播，渐渐磨灭，乃至发行人的形象、印章都难分清。"这个现象在新文化运动中不断重演，以致李大钊们经常称新文化运动为"新名词运动"。那么他们的著作谁会读得较认真呢？有时恰是要与他们论争的"旧派"。从卢前的文章看，他对胡适等人的书很下过功夫，读得很熟！而对"旧派"这一方，新派常常会通过他们主导的新制度媒介简化、曲解甚至"制造""旧派"的声音。从这个意义上说，"旧派"的形象很大程度上是由新派塑造出来的。因此"旧派"就变成了新派笔下和口中的"旧派"，只有模糊的影子，而无清晰的样貌，这正是一种深刻的多歧性。

第三，在当时读书人的感知中，新文化大概并不仅仅由胡适和他的朋友们以及由他们主导的报刊来代表，同时若有人与胡适和他的朋友们意见不同，也不意味着这些人就会非此即彼地支持东南诸教授，这中间有广阔的灰色地带。郑振铎曾说他们针对《国立东南大学南京高师日刊·诗学研究号》做论争，"扑灭了许多想做遗少的青年人们的'名士风流'的幻想"！据沈卫威研究，在这期《诗学研究号》上就登载过卢前的两首旧诗。但卢前真的只是"想做遗少的青年"吗？大概并不是。

卢前出版过白话小说集《三弦》，在《时事新报》《京报》上也常有文章。对新诗，他有浓厚的兴趣，著有新诗集《春雨》《绿帘》。而且据《饮虹周刊》上卢前以笔名发表的一系列谈论新诗的文章看,他对诗之"更新"的期待并不亚于胡适等人,只不过他反对胡适等人的"推陈出新",而强调"继陈出新"。卢前曾把中国的新诗分为三派:第一派是旧瓶子装新酒,这一派作新诗的方式是"《学衡》中如吴雨僧先生一般所主张的",虽然平稳,但"还不能使时代满足"。第二派是洋瓶子装新酒,如闻一多、徐志摩、饶孟侃等人的诗,但此派最大的问题是"诗是否专给知识中人看的"。在卢前看来诗是要往"往民间去,向民众去"的,由此他欣赏和力图建设的是第三派——新瓶子装新酒,即"国性的音节、字、句,合乎现有民众的叙述、描写",加上"西洋诗中合乎我们胃口的调子、字句和想象、思想、情绪",此谓之"新瓶";"新酒"则指新时代的民情风俗等等。

这些见解和郑振铎在《新与旧》一文中的理解从表面上看基本无差,区别在于何为新瓶,何为新酒。它和闻一多提出的新诗"要做中西艺术结婚后产生的宁馨儿""诗同一切的艺术应是时代的经线,同地方纬线所编织成的一匹锦"等看法更是相似。可见卢前虽可能在郑氏所言的"想做遗少"的青年之列,但并无太多"遗少"口吻,同时也不步趋东南诸教授的看法。

第四,卢前等人对于新派的反对意见中当然不乏宽泛的新旧对立的因素,因为东南学风特别是其师吴梅对他一定有不小的影响,这从他一直强调旧曲与新诗的联系就可见端倪。但同样重要的是这批青年代际超越的冲动。在给胡适的回函中,卢前提到了他相识的那些朋友。结合其他材料,我们可以大致勾勒此圈子的成员有闻一多、梁实秋、胡梦华、郭沫若、郁达夫、田汉、滕固、成仿吾、朱湘等人。其中卢前生于1905年,胡梦华生于1903年,闻一多生于1899年,梁实秋生于1903年,郭沫若生于1892年,郁达夫生于1896年,田汉生于1898年,滕固生于1901年,成仿吾生于1897年,朱湘生于1904年。

这群人里除了郭沫若年纪稍长,都属于1895—1905世代。这一世代的成员未尝到过科举废除的痛苦,同时也没机会搭上清末新政的顺风车。辛亥革命对他们来说则只是一场小部分人浅尝辄止的"挂招牌式革命",老革命党正是他们要竞争挑战的对象。他们能充分感受到的是新文化的席卷、民国政治的污浊、"学阀"实际的和想象中的压迫以及身为"高等游民"的无奈,这些汇集成的是强烈的代际超越的冲动。这以1922年胡梦华评价"梁胡蔡陈"的一段话为典型:

> 梁蔡胡陈诸氏,《小说月报》《新青年》二三杂志,不足以代表现在的新文化运动了。而《学衡》记者偏根据梁蔡胡陈诸氏、《新青年》《小说月报》来批评现在的新文化运动,不过益形现出他们的"诬"呵!

这段话明显表露出卢前等人并不是站在《学衡》的立场上来反对新文化,而是希望能由他们来主导"现在的新文化运动"。正因为学生是"以己新批彼新",同时也不太能容纳"旧"。所以他们对于传统的态度与作为老师辈的东南诸教授有较大区别。而区别就在张灏说的,对传统究竟是处于一个"外部观察"的状态还是一个"参与其中"的状态。对于东南诸教授来说,他们很多是"参与其中"的人,对传统有活生生的体认。像胡先骕与他诸位老师接触就能充分感知传统:沈曾植是"虽任冲繁之首府巨任,实乃霭然儒者";夏震武谒圣时"必岸然立于中位,幼云先生(按,刘廷琛,时任京师大学堂总监督)亦听之而侍立其侧,不以为忤";对林纾,胡氏更是说其为老师中"最令人怀念者",因为"先生之语言妙天下,虽所讲授者为宋明学案,而以其丰富之人生经验以相印证;又繁征博引古今故事以为譬解,使人时发深省,而能体认昔贤之明训"。

但卢前这一代大概就因隔了稍远而不太能"参与其中",大多数时候他们是以一种或冷静或峭刻的方式从外部观察传统。这一点最明显的表现就是《燃犀》中特别要写林纾在路上捡女鞋事:

> 有一天,他老(按,林纾)正在十丈京尘的道上闲走着,忽地前面一辆车子如飞地跑过去,定睛看时,不偏不倚的正落了一件东西在他老前面,红通通的,又有些香扑扑地。他老拾起来,在鼻子嗅了几下,向怀里抱好了。不多时那车子又如飞地折回来,车上坐的一位美人,袅袅婷婷的向他老招呼:
>
> "老伯伯,您老人家看见一只红鞋子落下来没有?"
>
> "没有!没有!什么红鞋子!没看见!没看见!"
>
> 他老先生急得脸红红地回答她,暗地里觑她那副娇态,那女子听了没法子,只好低下头来,叫车子慢慢地向前一路找去。他老于是回到家中。从此书斋里,又多了一样清供。

这段充满恶趣味的描写说明，在卢前等人心目中，如果胡适等已成为"三代以上的人"，那么胡适之前的人大概就更无足观。

三

以上说的是卢前为何会作《燃犀》。若从胡适这一方出发，则能看到《燃犀》折射的是国民大革命后新的情势与胡适个人命运的碰撞。对20世纪20年代末的胡适，我们至今仍经常被贴在他身上的"自由主义"标签所束缚，而稍稍忽视当国民大革命带来又一次"易代"之后，胡适一方面因政治理念不同经常与国民党政府发生冲突，并受到国民党方面的言论攻击，甚至有被"法办"之虞，但另一方面他也面对着其他各种各样的挑战和质疑。这股从各个方面而来的"攻胡"潮流早在20年代中期已经开启，而"易代"则打开了洪水涌出的闸门。小说《燃犀》正是洪水中一波典型的浪潮。

从小说内容看，卢前对于胡适乃至胡适周边人物的著作、文章、掌故、轶事、传闻、谣言等都非常熟悉，涉及《中国哲学史大纲》，各个版本的《尝试集》《冬夜》《草儿》《新青年》《新潮》，胡适的婚姻状况、朋友、学生辈、婚姻之外的男女关系、关于新诗的各场争论等等。这些著作、文章、掌故、轶事、传闻、谣言等有的原来是塑造胡适"明星"形象的重要元素，有的虽然是不客气的訾评，但也只是在私下言谈、来往书信里如潜流般传递，并未大肆公开传播。但伴随着"易代"的大气候变化，这些都成了可以用来"攻胡"的武器。

比如《燃犀》曾描摹何识时与郑恒则(影射陈衡哲)交往的情形,道:

> 记得有一天留美同学会开会。在男女毕集、杯盘交错的当儿,忽然诸务林君对一位近视眼、厚嘴唇的女士指着识时说道:"这何识时兄,郑小姐见过没有?"那位女士正站起来,识时连忙趋前握一握手。郑小姐说:"久仰,久仰,我常在《少年月刊》(按,影射《新青年》)上拜读大作。"识时逊让了一回,务林道:"何君本来家学渊源,他的……"说着在头搔了几下,好像想了一念,对识时道:"恐怕曾祖罢……是清朝的经学家哩。"识时得意着,点道头,表示他的话丝毫没有错。务林又指着郑女士道:"这位郑恒则小姐的尊翁也是大诗家哩。"郑小姐笑了一笑,于是识时同他靠在阑干上接谈起来。
>
> ……
>
> 郑小姐向来是佩服识时的,一见之后,格外亲热,渐渐交情浓密了。不过识时毕究算得英雄,他在国内早已与一位张东幼女士(按,影射江冬秀)订婚,既订白头之约,不能做忘恩负义的薄幸郎。虽与郑小姐到了爱情的范围,却终不敢及于乱。偶尔想起朋友陈洪隽(按,影射任鸿隽)还没有定过亲来,就想把郑小姐介绍给他,居然不久这个理想实现了。

这一段大概是要点明胡适与陈衡哲之间关系微妙和蔡元培

在《中国哲学史大纲》序言中称胡适"生于世传'汉学'的绩溪胡氏,禀有'汉学'的遗传性"的不实。

对《文学改良刍议》中胡适所提出的文学革命入手"八事",小说则极尽讽刺道:

> 回去是可以回去的了,拿什么去卖出钱来呢?于是盘算多时,才发明了一种主义,叫作九有主义的。何以叫九有主义呢?什么言有序,言有物,什么有病呻吟,什么有新意,什么有俗字俗句纵好,什么有散句而不骈,什么有白句而不典……东扯西拉的把些旧话凑了九点,重新装点出来,果不其然成了簇簇新的动人新主义。又把他一位碧眼黄须的老师的学说——"实用论"借作自己文学理论的基础。
>
> ……
>
> 他经过好多时光的预备,已经有头衔可以吓人,有主义可以哄人,有著作可以骗人;一定可以有名誉,有地位,有利益的;再有学生,有妻有子,三三如九将来必定实现"九有主义"了,决定下主意,一帆风顺便匆匆地回到久别的祖国了。

还有对于胡适作《新婚杂诗》情形的大想象。要知道在1921年左右,人们对于胡适婚姻的想象是"独秀曾力劝我离婚,甚至拍桌骂我,而我终不肯"。七年后至少部分人的心理发生了显著的变化,《燃犀》着力刻画的不是胡适对旧妻的"不离不弃",而是胡适对此段婚姻的无奈进入和在婚姻中遭遇的尴尬场景:

罢,罢,这定下十年还没有娶的老婆,还是快一点讨回来罢,算了命,择了日子,赶快地预备起来。时光过得非常之快,转瞬却到了十二月三十的吉期。把他们俩十三年没见面的相思,于今完结了。这是多么开心的事!还有一件小小而有趣的事呢,就是他娶亲这天所放的爆竹,还是十年前他老妈要替他娶的时候所办的。他本人逃婚之后,已是镀过金,喝过洋水回来,而老妈已死,爆竹不免又陈旧了些!

听了旧爆竹的声音,(何识时)不免动了新诗之兴。于是洞房花烛夜,提起笔来,作了几首新婚诗,虽然满心得意,其中却发了不少牢骚。诗中有些妙句是:

什么"多少兴亡,不堪回想"!

什么"换了几朝帝王,看了多少兴亡"!

更妙的是:

"老了你和人儿一双!"

"十年陈爆竹:越陈越响!"

"百句一晚得,哈成笑呵呵!"识时笑嘻嘻地连忙把诗稿送给夫人评阅。夫人看了似乎不大高兴的样子,抿了一下嘴,说道:"哼!我真是老了!"识时正想听她的夸奖,谁知反得罪了她,赶快地解释,总算把这一段小风波结束。

如果说以上这些都还有些"薄据",那么关于《中国哲学史大纲》(以下简称《哲学史》),《燃犀》则造出了全新的坊间谈资。它说道:

(何)识时一壁听来校长的话,一壁心里想着。这时听他说到哲学史不由有些恐惧而且惭愧起来。何以故?因为根本那本东西是用日本人的著作做蓝本的,说不到著作;何况只有半部,仅仅把周秦诸子敷衍说了,汉以后的,连自己都一点不大了解。这怎么办?那赵普半部《论语》治天下,我这半部讲义怎么支持!还是猫猫虎虎的接着编完了,还是……心中渐渐烦躁起来,听器官也失掉了效力,只见大家手不断的拍着,来校长(按,影射蔡元培)业已讲完,程主袖(按,影射陈独秀)、田元重(按,影射钱玄同)也先后登过了台,眼望着就轮到自己,连忙定一定神,心上不禁大吃一惊。镇住一切的踟蹰之想,急急地预备演讲稿,这个关系非轻,与招牌大有关系呢。

这种《哲学史》参考日人著作的话以笔者的阅读范围在1928年前似未见,但随着《哲学史》下册的久不见付梓,传言大概正在私底下暗暗流传(同时在坊间流传的还有《哲学史》实际抄袭自胡适祖父)。而《燃犀》让其浮出了水面,并且传播将愈演愈烈!两个多月后胡适因揭露"伦敦赛乳会"假新闻一事遭人匿名攻击,利用的也是这一传言,而且直接将《哲学史》对日人著作的参考升级为了对日人著作的抄袭:

你在十年前由美归国,路过日本,在旧书摊上,偶然买到一本日人所著的《支那古代哲学史》,就译成为《中国哲学史上》,作为你自己的作品。大家因为你是个西洋学生,都被你蒙住了,盲从赞好。你的书就风行一时。真所谓"窃钩者诛,窃国者侯"。但你究竟乌龟现了原形,十年来该书下册竟不能出版一字。

正因《燃犀》是如此写法,所以在胡适眼中这部小说大概正和"国家主义者所出报章"相似——"态度实在不好,风格实在不高"。到1929年7月,大概是见多了此类"态度不好,风格不高"的东西,胡适为此做过一总结云:

> 这种态度并不足以作战,只足以养成一种卑污的心理习惯:凡足以侮辱反对党的,便不必考问证据,不必揣度情理,皆信以为真,皆乐为宣传。更下一步,则必至于故意捏造故实了……此种懒惰下流不思想的心理习惯,我们应该认为最大敌人。宁可宽恕几个政治上的敌人,万不可容这个思想上的敌人。因为在这种恶劣根性之上,绝不会有好政治出来,绝不会有高文明起来。

这番话提示了一个颇让人省思的问题:注重无孔不入的"宣传",乃至为"宣传"而大肆捏造大概正是从辛亥革命一直传递到国民大革命的典型风气。《大公报》上就有文章说:"近年宣传之说兴,更公然以造谣骗人为治世长民,猎官弋名之正轨,以此而成个人之功业,天下事无此便宜,以此而谋国家之建设,历史上无此廉价!"这段话虽是"痛切极矣",但仍有意犹未尽之处。国民党重"宣传"、共产党重"宣传"、中国青年党重"宣传"大概均为打击"政治上的敌人",在其自身有不得已和必须为之处,那么读书人之间的"相轻"与"攻讦"又何以至此呢?清末以来,一面是中国的政治与社会从"形影相依"到"终成陌路",一面是政治运作中的恶风气不断地在影响各界,包括学界。政教的不能"相维"与政教以如此方式"相维"大概正是我们读了《燃犀》这样的小说后可长思之处。

目前的胡适研究当然不乏江勇振所说的"胡适说过就算主义"。但这样的提法未免打击面过宽,并有矫枉过正之嫌。胡适研究的出发点仍在他本身的材料,关键在如何去用和怎样去读这些材料。本文即建基于胡适日记中包罗的大量剪报和信件,这是一个极为丰富的史料仓库。但要充分利用这些剪报和信件则需要努力重建其历史语境:胡适何以要在日记中收入这篇文章和信札,其对手方为谁?与此相关的其他文章有哪些?能否勾连起信札的你来与我往?这些都需要研究者做一些考证源头、报刊重检、来往信函比照的基本工作,这样大概才可能在某一点,进而在一个较大的面上将胡适和其相关人物的研究推向深入。

中国近代史研究之走向（二题）

一、怎样走出"麻木状态"

中国近代史若自20世纪30年代算起，应该算一很年轻的学科，现代史和当代史则更年轻。但正如章士钊所言："历史为活动的，整片的，如电影然，动动相续，演成一出整剧，从而指定一点曰，此某时代也，此某时代与某时代之所由分也，是皆权宜之词，于理论未为精当。"因此这几年治近代史有成者多会思考融会贯通的问题，不少大家均在用其精心撰述来展现示范中国近代史如何做到融会和贯通。但对年轻一辈来说，困惑正在于历史学大概是一个要从种麦子做起、最后贡献出蛋糕的工作，即前述大家们的著述可作为起点和参考，但却不能当既有定理而用之。那些基本史料老师辈并不能代替学生辈去读。相较一些学科大概能从买面粉开始做蛋糕，其难度之大可想而知。这尚且还是限于历史学科内部的讨论，若是将问题延展到"跨学科"则麻烦更大。在这一基本难点之下，如何才是历史学研究的"推进"就成为一个众说纷纭的问题。

秦晖曾说辛亥革命的研究是"演员越来越清楚,而舞台越来越模糊"。他所说的舞台由我理解就是那些衔接和贯通中国历史的大叙述。这些大叙述正因其壮阔恢宏,而致其特点基本是大约和大致。但同时亦不可忽视,凡是能立得住脚的大叙述基本都灌注着提出者数十年乃至一生的读史心得,由此也代表着大格局、大视野和大气象。但在现行学术规范之下,一些新人的作品下乘者或只知填补某处空白,以获得其写作的意义,而基本不问填补这一空白对于大的历史拼图究竟是何用处。而稍上乘者则努力质疑、改写前述的大叙述,如质疑"皇权不下县"之类。这种质疑和改写除少数天赋异禀者外,大多恐怕还是要经过岁月的淘洗,方能知道其立不立得住。对整个学界而言,更严重的问题或在假使每个人的关注均在如何往历史的大关节处踹上一脚和戳上一刀,则狭义上的学术推进或有之,而"中国"历史的大叙述则可能越来越无所凭借。

具体到中国近代史而言,曾有一位治明清史有成的专家向我提到,治宋史者见明清史之论文会说此类现象宋代早已有之,而治明清史者见近代史之论文亦常有类似感觉(大意)。这遂使在融会和贯通的要求下,中国近代史似乎落入食物链的底端,任务如此艰巨——从三代到明清似均是我们所要贯通的对象。材料如此繁多——单是我们学科范围内的材料就已多至溢出你我的想象范围之外,若按照许纪霖师的说法,除了"古今",还要加上"中西",这构成一个沉重无比的十字架,初治近代史者若能不心生绝望,则只能说其内心真是无比强大。

当然提出种种困难并不意味着路就可以不继续走了,但走法如何在今日或有必要停下来,歇一歇,议一议。"新文化""现代中国"等等提法都在告诉我们虽然实际上人类在"新"和"现代"里的时间并不长,但很多时候我们却已对进入"新"和"现代"的状态感到麻木。以下三点或许可以帮助我们离麻木的状态远一些,其未必能让我们彻底解惑,但至少能提供给我们"火星上的土豆",以维持到有向前可能的那一天。

第一个可做的尝试是重回学科的源头。这一启发来自于周锡瑞、叶文心、齐慕实、董玥等美国中国学学者发起的"重读列文森"的尝试。"重读列文森"的原因当然有许多,但其中最重要的一点大概是对于这些学者而言,经过后现代史学冲击的美国中国学如何前行已成为一个大的问题。目前虽找不到解决之道,但回到自身学问的起点处或许是一个可能性。由此反观大陆学界,以我个人极其有限的认知,学生们或对蒋廷黻、陈恭禄这样启中国近代史之端的人物略有所知,但基本局限于他们写的、近年来重印的《中国近代史》。对郭廷以等开创的台湾中国近代史研究传统就稍有些隔膜,对范文澜、胡绳、刘大年等人的作品是否读过则更可怀疑。不过既往的印象是学生们借助旁人翻译,如江苏人民出版社的"海外中国研究丛书",而对特定的"他故"相当熟悉,但2015年董玥教授至华东师范大学开讲列文森,我才突然发现目前的状态真的是"既疏国故,又疏他故",不少听众对列文森几乎一无所知,因此听得一头雾水,多少有些辜负了董教授精彩的演讲。由此想到大概我们在新地奋力打拼的间隙,或应该回到"故乡"好好看一看,走一走。

第二个是形成读基本史料的共识与氛围。中国近代史相较其他断代的一个显著特点是史料多，且目前的状态是史料多而犹嫌不足，继续要去挖掘更多的新史料。这和近代以来希望"史料尽量扩充"的风气有密切关联。理想状态当然是"史料尽量扩充"与"读二十四史"并行，但考虑到个人生命和精力的有限性，这样的理想状态恐难以达到。因此在回到前述的学科起点的同时，亦需要尊重前人整理史料的成果，这正是前辈学者为后人精心磨制的面粉，如"中国近代史资料丛刊"等各种史料。但今人却经常过粮仓而不入，反要自己去种麦，实有些可惜。当然这里所言大致针对初学者，成熟史家自可融新旧史料于一炉而灵活用之。

第三个是重视不完整性问题。进化史观给当下治史者带来的最大影响恐怕是自信心的极度膨胀。有些学者的自信经常可以达到"认识过去，引领未来"的"大巫"程度。而这些年如彭慕兰说"要为不完整性而奋斗"，王汎森则提醒我们"中国走向现代的过程不仅仅有创造性的转化，而且有消耗性的转换"，这些说的其实都是历史学者的前进，或要先努力摆脱自己能够总结规律、全知全能的僭妄。前面有学者说当下的历史作品有"提升"则曲高和寡、"启蒙"则缺乏史感的矛盾，而在我看来目前那些意在"启蒙"的作品并不怎么令人满意，正是因为他们在潜意识里认为自己能看到中国近代史的全部，然后才能"批判"之，"反思"之，并进一步夹带上自己认知中的"启蒙"的那些私货。因此历史学能带来的最大"启蒙"大概正在于：通过历史的讲述来告诉人们，作为读史者的我十分有限，作为读史对象的前人，其所做、所知、所想和所感亦有重叠，远超今人想象的限制，而且作为今人的我,其有限性在大多方面都超过前人——此正所谓"天大极了,人小极了"(这句话出自洪峰的小说《极地之侧》,我是从王家范先生的《中国历史通论》中读到的,当年受到的震动一直延续至今)。大概若能多那么一点对"天大人小"的敬畏,我们做出的历史才会有些不一样吧。

二、如何成为"攻玉之石"

谈这个话题,我想先从一位我很钦佩的同辈学者的话谈起。

这些年我一直在做的课题是五四新文化运动在地方特别是在江浙地区的展开和地方读书人对此的回应。在研究过程中,我常常兴奋于在图书馆、档案馆找到了新材料,也常沾沾自喜于这个课题前人尚无太多研究,找到了一个能挖到"富矿"的领域。这位朋友在相关问题上成就显著,所以对此有些兴趣,遂向我索看一篇新写的文章。看完后她当然有一些谬赞,但重要的是最后一句话:"你的研究确实丰富了五四的历史图景,但对于既有的那些五四大叙述,它的意义是什么?"

这个问题可谓"一击中的",让我真切地感到目前研究的困境所在。当然对她所提问题的直接回应,有待我进一步深入思考。这里要说的是一些更大范围的问题。所谓"研究的意义"大概每个学者都在思考,在我看来,这很大程度上不是自己去述说的,而是取决于你的作品真正对读者(这里基本指从事专业研究的读者)能造成多大的刺激,再通俗一点说就是"请给我一个阅读你研究的理由"!这个理由当然可以是新史料,也可以是前人无太多研究,但这样说出来似乎轻了一点点。若要让它坚实些,大概要问在中国近代史的研究坐标系中,你作品的位置在哪里?在中国历史的研究坐标系中,你作品的位置在哪里?在历史和文学(也可以是其他人文社会学科)共同关心的问题上,你的贡献是什么?而未到百年的中国近代史学科好像仍未产生足够的、有前述"沉甸甸之意义"的作品。这样说并不是苛责前贤为何写出的经典不够多,因为学科毕竟年轻。同时要写出经典,实在是一桩需要综合资质、运气和其他各种条件的事业。而是想指出在如此状态下,中国近代史表现出了一些看似合理,其实却颇有反思余地的现象。

第一即在史料。对于历史学来说,行规是以史料为基础、以叙事为方式来作文著书。正如杜维运所言:"无叙事即无史学。曾经波澜壮阔的往事,翔实而生动地叙述了,史家责任便已经尽到大半。所谓综合、诠释是叙事以后的事。有叙事而无诠释、综合,仍不失其为史;有综合、诠释而无叙事,则将流于玄学家之言,难以跻身于历史之林。"因此大概无人会反对史料对于史学研究的重要性,但具体到中国近代史的研究,这个问题要复杂一些。

目前中国近代史的研究状态是史料"多而犹嫌其不足"。此种状态引发的困局还不在生命有限、史料无限(学者生命俱有限,但一生均当以读书为要务,若将书看作广义的史料,则此问题自然消解),真正在于:第一,这或会造成作文以炫博猎奇为旨规,而围绕此等,文章亦难有公论形成。这种状况与20世纪20年代诸学人好开国学书目的风气有相似亦有不同。相似的是胡适、梁启超所开书目中也多有被人如钱穆认为是当时"不经见书";不同的是钱穆谓其案头"时有未备"之书,"察诸各校图书馆,亦每有所阙"的情形随着数据电子化的发展已大大改善。但吊诡的是,目前书(史料)看似前所未有的"大备"和"足备",但不读易"经见"书,而求自己得见、旁人未见的状况却更蔚然成风。诸多近代史文章所用史料常为"独有"或"小范围有",往往难得复核、重读,更不用说任人观玩。因此其所引之史料究竟是否读对或是否读懂,实难有定论。其所论经常不得谓之是,亦不得谓之非,常令其他学者处于一个尴尬而最后竟至于不读的状态。而目前近代史学界俨然以史料之"独有"或"小范围有"为治学段数评价的当然理据,基本浑然不觉此种流风所及造成的影响。

第二,不读全书之流弊愈演愈烈。金毓黻曾说:"天下无便宜事,读书想占便宜尤不可能。读书不窥全录,善阅节本,或不阅本书,先读通论,忘本逐末,徒驰口说,凡朴学之士,必不出此也。"金氏大致针对的是如何读经典,尤对梁启超的说法不以为然。但不管梁氏等如何提倡经典之易读、快读和"节读",他们自己读完的"全书"无疑相当多。即使在当下,中国古代史同仁也基本重视读十三经、四史、通鉴等"全书"来打基础,在此基础上再来扩充史料。反观近代史研究,读全书之要求经常被吾等以史料浩瀚、考核紧迫等为由搪塞过去,殊不知所谓近代史不过是为了研究便利而进行的分期,四史、通鉴等一样是吾等可窥的"全书",且已多有近代史大家示范过读此等"全书"的事半功倍和后劲无穷。同时,如落实到具体题目,或也当以有无此人物、此事件之"全书"作为重要的选择标准("全书"兼新出是最好,但"全书"当为首要,新出则未必)。做一题目若无相当数量之"全书"为基础,而只凭零散史料,或围绕数据库打转,大概是一流高手所为之事,对于初入行者尤为不宜。

史料说完再谈一谈眼光。做历史时刻不脱各种看历史之眼光的影响。1921年顾颉刚曾向夏士桢写信索要各种祠规、谱目、祭仪与谱序。若单看这些,大概只能感受到新史学所倡导的"史料扩充",但"史料扩充"后要做什么可能更加有趣。果然顾氏紧接着问了一串问题:"你们族里的规律严极了,有死刑(同宗相奸),有笞刑(骂尊长等),不知道有没有实行过?在实行的时候,如死刑等,要不要受官厅的牵制?你们那边别家的祖规,也有这样的严否?"

这些问题背后都展示着顾颉刚的五四眼光。此种眼光发现了不少以往少获关注的历史面相,但它给顾氏和读者带来的遮蔽也甚深。从信中不难看出,夏氏族规或已属各地各种族规中之严苛"异类",其中关于死刑、笞刑的规定则属于"异类"中的"极端状态",若一旦实行则属于"极端中的变态"。但顾颉刚最关注的恰是这"极端中的变态",而似对家族运行之常态毫无兴趣,这正和他两年前所写的《对于旧家庭的感想》相契合。由此提醒我们在受看近代史常用眼光(比如"共和眼光""党国眼光""1949年眼光")之惠的同时,或也经常要反思这些眼光的不到之处与限制之处。我举一个例子来说明。

"党国眼光"是我们目前观察1928年后之中国历史的绝佳武器,它有效弥合了1949年前后的裂隙,同时也能帮助我们部分摆脱"共和眼光",而更多去考虑清末与北京政府时期的变与不变。但须注意,党国形成时和形成后新的面相太多,而导致我们经常去观察如何从旧入新,而较少考虑到即使是断裂,由猴变人式的绝对之变极其稀有,大多是新的东西加进来,有时是旧的东西加进来,有时甚至是什么都不加,不过是排列组合的方式换一下,但呈现出来的可能都是新的面相。吕思勉就曾拿农民银行与宋代青苗法做对比说:

> 又如农民,大都缺乏资本,不能无借于借贷。王安石的青苗法,现在大家都知道其立意之善了,然其办法不甚合宜,也是不能为讳的。其最大的病根,即在以州县主其事。人民与官不亲,本金遂借不出去,而官吏又欲以多放为功,遂致弊窦丛生。现在的农贷,主其事者为农民银行,与其人民隔绝,自不致如地方官之甚,然其于地方情形的不熟悉,亦与官吏相去无几,至少在他初办时是如此,然亦欲以多放为功,就有土豪劣绅,蒙蔽银行,伪组合作社,以低利借进,以高利转借给农民等的弊窦了。

这段话说明在"党国眼光"下,或能见地方党部在农村各项事业中扮演的角色,或能见主义力量之推行对乡村建设的影响,但未必能体察到官吏"以多放为功"的心态。政府和人民的隔绝程度与中间层如何利用此种落差来渔利,这些当然可以借助东西洋的理论来阐释,但若能有吕氏般读过二十四史"全书"的统摄之巨眼,或更能见历史之妙谛吧。

中国城市问题的历史视野(二题)

一、城市何时成为"问题"

"治理"是当下颇热门和时髦的词语。但要谈"治理",前提是得把握真的问题,然后才能思考具体措施。这和人求医看病道理相通,如果病人的疾患在胃上,医生却把胃病当成心脏病来治,结果只能是越看越糟。所以把握问题,进而找准问题或许是最重要的。这篇短文就将试着从历史中来看一看中国的城市何时成为"问题"。

近代以前的中国,按照牟复礼(Frederick W. Mote)的说法是一个"城乡连续统一体"。其首先表现在除王朝首都外,城市在行政上并未独立管理,其次则体现在士大夫的价值认同基本立足于乡村的"耕读"之上。城乡之间无论是建筑风格还是文化习惯均无明确的界限与差异,因此所谓城乡二元或者城乡对立在传统中国本无从谈起。而且若从读书人理想的生活方式——"耕读"之眼光看去,城市的形象并不会太好。因为以当时的交通条件,真正胼手胝足的农民大概就不进城,乡下的读书人和土财主会偶尔进城,但无非是做以下几件事情:交赋税、打官司、买东西。交赋税和打官司本就不是能够让人心情愉悦的事。在买东西的过程中,老实巴交的乡下人也经常会被精明的城市生意人盘剥欺骗。所以从读书人到一般大众都会据此认为城市是官司聚讼之地、罪恶渊薮之地和买卖欺诈之地,对于传统社会最重视的风俗和风化有极大的负面影响。

到了近代,特别是 1895 年中日甲午战争之后,大量西人和日人来华,在各个通商口岸西洋之学和东洋之学像潮水般涌入,那些生活在通商口岸的读书人看城市的眼光有了一个基本性的改变。前面说过,原来中国读书人考量城市立足于乡村的"耕读",而到了清末,口岸读书人考量城市开始遵循泰西诸国的模板。当时有人就说,伦敦之狗、巴黎之花都带有一股"自由不可侮之气"。这种今日看来让人哑然失笑的想象性描述,却清晰地折射出因为尊西崇新而带来的看城市眼光的变化。在背后支撑这种变化的是清末流行的"天演进化"观念。当读书人渐渐接受"天演进化"观念后,在他们眼中现代文明发生于城市、蓬勃于城市、展示于城市,相较乡村,显然城市在他们心中处于进化序列里更高的位置。1898 年湖南大儒皮锡瑞在给南学会讲学的讲义中就说:"凡人之闻见愈多,则愈开通,闻见愈少,则愈锢蔽。山林之士不如都邑之士,都邑之士不如出外游历之士,出外游历之士不如读书明理之士。"这显然已是从"文明开化"之眼光来看读书人的层级。身处内地湖南的皮氏尚把"士"的最高等级定义为"读书明理",1901 年在上海读书的黄炎培就更明显地将城市与进化联系在了一起。黄氏写过一篇策论叫《论秦汉重农抑商》,

明确认为世界进化的顺序应该是从"村野之天下"到"城市之天下",从"城市之天下"进而再成"都会之天下"。

不过需要注意的是,尽管清末重新发现和定义了"城市",但并没有特别重新发现和定义"社会"。因为清末读书人孜孜以求的是国家富强,社会还未完全进入他们的思考范围。所以在此时所谓城市社会的种种问题并没有太过凸显,反而由国家富强的理路出发,读书人很多时候会忽视城市里工厂林立、烟囱成群、噪音满布的现象,甚至对其持肯定态度。1904年《大陆报》上就有一篇文章盛赞城市说:"繁盛之都,花团锦簇。洋楼层叠,大厦云连。建筑宏伟,雕刻优美。电线铁道纵横如网,汽车马车往来如梭。"又有史料说:"有制造场,或远或近。烟筒林立,上矗霄汉。吐气成球,漫濛如雾。轮机轧轧,声闻于天。"这些现在都被看作严重的城市病,但在清末读书人看来却并不成问题,反倒是值得咏之颂之的现象。

那么什么时候城市开始成为问题了呢?大概要到五四运动的时候。第一次世界大战之后,中国读书人因全球沦为各大强国的烈斗之场而开始了对清末全力追求"国家富强"的反思,发现仅仅是国家的改变并不足以解决中国的问题,于是"社会"一跃成为五四时代的关键词。瞿秋白就指出,当时参加社会运动、文化运动或者是非文化运动的人都有一个共同的目标——"新社会"。当时对"新社会"的发现有两个具体向度:一个是再造社会,以自下而上的改造应对共和时代的种种危机;另一个是瞄准所谓社会问题,以让烦闷无助的青年找到出路。这些问题概括而言有求学问题、恋爱问题、就业问题、妇女解放问题等等。如果仔细分析我们会发现,这些其实不是"社会问题",它们的本质是一个个具体的"人生问题",是当时大批的青年进入城市后产生的具体"人生问题"。

将其分为一个个具体问题,是因为从清末到北洋时代多次改革学制,当时新建的大批学校集中于城市,尤其是北京、上海等大城市。由于昂贵的学费、杂费和路费,大量普通人家的贫寒子弟往往上不了学,或者读了点书后难以继续升学。于是到了20世纪20年代,求学问题就越来越严重,很多青年学生对于教育成为一个由富贵子弟把持的封闭结构而感到深深不满。同时,学校和科举的进阶又不一样,科举让读书人可以耕读并举,或为塾师、或为儒医来赚取支持他继续参加各级考试的费用,而且获得每一级功名之后都会有相应的出路。而学校是每年都有大量的小学、中学、师范、大学各级毕业生被抛入寻找工作的浩荡大军里。他们中的很多人找不到工作,同时又是读了不少欧罗巴、亚细亚、声光化电等各科知识的"高等游民",于是就业问题就出现了。学校均在城市,意味着学生远离了父母的管束、家族的羁绊和乡情的拖累,但同时又让他们成为漂流在城市中孤独无依的叶叶浮萍。他们渴望共同体的慰藉,也希冀能有炽热的男女恋爱,但他们的求爱又因为相貌、出身、收入等各种实际因素而多不能成功,于是恋爱问题也出现了。五四时代催生了一批又一批新女性,但这些新女性的实际生活历程并不像报章杂志中描述的那样风光与顺利,妇女解放就此成为浮在表面的一层光亮油沫。

可是在具体的历史场景里五四青年并不愿意把前述问题定

义为"人生问题",因为对他们来说这样定义太痛苦、太难以承受,意味着他们必须要直面"高等游民"与社会实际的脱节,直面爱情幻梦背后的种种现实真相,直面妇女解放表面轰轰烈烈和内里困难重重的落差。他们更愿意把它们处理成"社会问题":因为社会如此黯黑,有各种各样的毛病,这黯黑的、有毛病的社会吞噬青年,所以我的工作难以找到,我的恋爱无法成功,妇女解放不能顺利前行。对此王礼锡曾举过一个特别的例子,他说:"在报纸上发现一个治花柳病的广告,如果你留一留意,有人要治花柳病时,你就可以指点他。若你的思想再深入一点,就可以从花柳病的来源想到妓女的苦痛,而想到社会应当设法去救济。你若再把思想沉到更深一点,你就会想到,这'使她们成为妓女'和'为什么需要妓女'的是什么社会,然后想到在这整个的社会结构中,小小的救济有没有功用,要怎样才能根本解决。"在经过了"从花柳病的广告看穿了社会的毛病"的转化之后,若再付诸舆论的强烈喧嚣,就会突然发现城市问题变得特别多!

了解了中国现代转型中城市问题如何出现的具体历史过程,我们就会注意到目前讨论城市治理爱用的一些理论范式,如国家与社会、公共领域、乡村建设等,都有一个适用的问题。这些理论范式大多来自西方,很多不能理所当然地运用于对中国历史乃至中国当下的研究。

许多西方学者的研究自然地接受国家与社会两分的预设,在他们的想象里,国家与社会是互相对抗的,于是他们会特别注意与传统王朝对抗的"社会力量",比如士绅,却对王朝力量有所忽视。其实中国传统王朝的力量,特别是王朝的隐形权威力量远比我们现在了解的要强得多,所谓"天高皇帝远",一方面说的是因为中国之大,王朝力量经常不能到达较远的地方,但另一方面也说明若王朝力量能由远及近,当是无与伦比的。而谈到"社会",中国自然不像五四青年所说的那样,没有社会而要造一个"社会",但这个故有的"社会"是否与国家相对抗却要打上一个大大的问号。那么我们当下的这个"社会"又是怎样的呢?恐怕很多时候也是对其想象性论述太多,而能揭示的真相太少。

又有部分西方学者爱找清末中国城市里的"公共领域",以期推进中国当代的"公共领域"建设。但他们注意的那些清末民初的善堂、社团、报刊等等和哈贝马斯意义上的"公共领域"实在相距太远,因此连西方学者自己都对此莫衷一是,各说各话,以至几十年后对"公共领域"的讨论几有偃旗息鼓之势。因此中国学者要做的或是先不拘泥于"公共领域"这一概念,而努力寻找中国之慈善事业、报纸杂志、社团机构自身的发展理路和历史轨迹,以对当下的慈善事业、报纸杂志、社团机构该如何去做有更深的理解。

谈乡村建设时我们亦是谈了太多的时髦概念,但其实我们已经不自觉地预设了城市与乡村很不一样。这导致我们很少去问以下的问题:第一,是什么样的力量让那些乡村建设的先驱能够在某个特定区域按照他们的理想"为所欲为"?第二,那些目前我们视之为乡村建设精英的人物,其一生究竟在真正的乡村里待过多久?第三,农民究竟关注什么?他们能接受什么,不能接受什么?对于第一个问题,我们要关注乡村建设推行过程背后的政治性操作及其影响,而不要把民国时期的乡村建设想象成一个凭空从石头里蹦出来的事业。第二个问题我们如果对梁漱溟、晏阳初等人的生平稍有了解,就会发现其实他们没有在真正的乡村待上几年。那么他们对于乡村建设的种种议论又有多少契合乡村的真实状况呢?第三个问题罗志田先生曾以养猪为例做过精彩阐发。他说养猪技术的改良当然是农民喜闻乐见的,但技术改良如果发展到让猪吃细粮、农民吃粗粮,这样的"改良"即使能让猪的出肉率有飞跃性发展,农民在心理上也很难接受。(大意)

所以城市的问题也好,社会的问题也罢,第一步我们需要区分哪些是真正的问题,哪些是读书人"自以为"的问题。之所以有那么多"自以为"的问题,和中国近代读书人的尴尬地位很有关系。一方面清末民初的读书人有强烈的启蒙心态。晏阳初等人把农民的特点概括为"愚、穷、弱、私",这样概括的隐意是,农民要从"愚、穷、弱、私"的状态中解放出来得依靠读书人的启蒙。但农民真的"愚、穷、弱、私"吗?这大概是读书人为凸显自身地位而"自以为"的问题。如此就涉及当时读书人尴尬地位的另外一面——近代中国士农工商的四民排序渐趋消亡。读书人本来是处于最高等级的士,但在清末民初的人心中却渐渐与其他三民平等,那么你以何资格来启蒙其他三民?而到了五四和五四之后,读书人已经常在问:"为什么我不是一个工人?""为什么我不是一个农民?"这就是读书人难以摆脱的启蒙心态和无奈消逝的四民定位间的尴尬,以至于有读书人说,我们干的这些事业,无论是共产革命的事业、启蒙民众的事业或是解决社会问题的事业,其实都是在做"狗耕田"的事情。照常理说,田本应该是由牛来耕的,现在却是由狗来耕,于是"问题何来"从源头上就出了大毛病。那么由此种问题推导出来的治理方案大概也不会让人太满意。

二、城市文脉的历史维度和当代可能性

"城市文脉"和两个中国现代发展的基础性问题相关联。中国是一个文明悠久的古国,"如何才是一个'中国人'"本来不成为一个问题,在人心当中也不太具有紧张性。但近代以来,面对西方的入侵,我们战败了。对于中国为何战败,国人渐渐接受的解释是"我们不够现代"!但我们为了走向现代,是否就要像日本那样"脱亚入欧",从外到内放弃自己的中国身份?于是就产生了一个困扰了我们一百多年的问题:对一个中国城市和这个城市里的中国人,如何能够既是现代的,又是中国的?这个困惑长久以来并没有太令人满意的答案。

第二个问题是,对中国人来说,进入现代化进程以后,我们常常能看到各种各样的深刻分裂,杨国强老师曾将这种种分裂归结为沿海口岸地区与广袤内陆地区的分裂、士大夫群体内部的分裂、精英与大众的分裂,最后则是城市与乡村的分裂。这样一个城乡的分裂,能不能弥合,如何弥合,也是一个困扰了我们一百多年的问题。至少目前我们看到一个很令人担忧的现象,就是改革开放以来城乡分裂的趋势很大程度上没有减缓,反而越来越加重。

"城市文脉"这一议题正和前述这两个基础性问题有关。
在这样的背景下,我们的思考或许要更增添一些历史的维

度。这一话题当然有很强的现实意义。它关乎城市如何寻找到新的经济增长点,也涉及如何为资本运作诉说更好的故事。不过从大历史的角度来看,这个话题其实是很沉重的。从19世纪末开始,现代性席卷了幅员辽阔、人口众多的中国,至今我们仍在应对这样的挑战。在这个既日新月异又危机四伏的艰难时世里,我们要屹立不倒、继续前行,就必须要找到能让中国城与乡良性互动、紧密结合的中国式城市文脉。这种种看似无形的城市文脉,在中国历史中有它们的对应表述,那就是风气和风俗。

美国汉学家白鲁恂(Lucian Wilmot Pye)曾意味深长地说,中国是一个伪装成民族国家的帝国。这句话提示了一个值得人深思的历史现象。在世界三百多年的现代化进程中,那些曾叱咤风云的著名帝国,比如奥匈帝国、俄罗斯帝国、德意志帝国、奥斯曼土耳其帝国,尽管变身的形态还在,但实际上都已经瓦解了,只有"中华帝国"(如果可以这样说的话)依然保持着她基本的文化形态和疆域范围。那么中国"不瓦解"的秘密在哪里?正在胡适所谓"那些全国性的大维系"上。已有学者睿智地指出,这个全国性的大维系不是依靠一个统一的经济市场,这个在中国出现得比较晚。但中国很早就有全国性统一的思想市场。概括而言,这个思想市场的特点是:以科举为目标,以读书为风尚,以天下为己任。

目前很多人喜欢拿高考类比科举考试,进而说科举和高考一样不能"得人才"。这样的认识可能误会了高考(因为这一制度最重要的功能其实是维护社会公正),更加误会了科举制度。"得人才"可能只是科举制度的目标之一,晚清大儒皮锡瑞即指出:"学堂求人才是第二义,实所以靖一国之思想,同一国之风气。能知此旨,即不必以人才之说,争科举、学堂之兴废矣。盖人才不出科举,亦不出学堂,历考史书,乃知其审。前代用科举,亦所以同风气,非以求人才也。"这话正道出了目前高考和科举最明显的区别。现在高考结束后学生们最喜欢干的一件事竟然是撕书,全无"敬惜字纸"的意识,更何谈进入大学后他们能以读书为风尚。但科举确实可以让"万般皆下品,唯有读书高"的意识深入读书人和普通人的心中。而读书之根本则在士"以天下为己任"。这句话现在听起来好像口气很大,但对于传统时代的读书人来说却非常具体。

科举不承诺每个人都可以做官。在明清时代,很多有功名的人是当不上官的,因此他们"以天下为己任"的着眼点和着力点都在自己生活的那座城、那个镇和那个村。陆世仪说:"乡者,王化之所由基。"屈大均则说:"不能述吾之乡,不可以述天下。文在于吾之乡,斯在于天下矣。"这就是"积(化)乡以成天下"的思路。我们去读那些明清时代的府县志、文集,里面说得最多的就是"吾乡之风气""吾邑之风俗",风气、风俗看不见摸不着,但在他们的心目中和实践中却都可能是最重要的东西。

在理解了风气和风俗的重要性后,我想简单地总结一下谈城市文脉的意义所在。

第一,城市文脉是一个城市乃至一个国家的自性所在。"自性"这个词来源于佛教,指的是人、事及各种聚合的本质与本原,若在城市、国家的范畴中则具体展开为悠长历史中的人物、制度、地理、风俗。其次它也是自信的基础。因为文化形态与生活方式即国家之"脉",是国力能否"持续再生"的重要条件。举一个例子,太平洋战争中日军和美国的海军航空兵的伤亡人数在前期相当接近,但中途岛海战后发生了逆转,原因就在于美国有他们的"自信"。这种自信一方面来自他们超强的生产力,更重要的来自他们的文化形态和生活方式。美利坚民族就是一个车轮上的民族、摆弄机械的民族,美国人每天玩的就是这个。所以飞行员阵亡了,他们可以依托国家之"脉"继续培养飞行员,源源不断地向前线输送。但日本人玩不了这个,特别是中途岛海战以后,四艘航空母舰一沉,七八百名舰载机的精英飞行员没有了,这之后就再也接不上了,因为日本的国家之"脉"在短时间内不能帮助它输出那么多飞行员。国力实际很大程度上就来源于你的基本文化形态和生活方式。最后,城市文脉又是自新的基础。典籍里面说"周虽旧邦,其命维新",又说"殷因于夏礼,所损益可知也;周因于殷礼,所损益可知也"。这个旧和新、损和益的关系是什么呢?就是在原有的基础上有一些更迭掉,有一些保留着。但如果你失去了原先那个延绵不绝的文脉,那你谈何损益?而新旧之辩证、损益之互动正是中国式自新的核心要素。

第二,在中国历史中小城镇的意义特别重要。现在经常谈城市和乡村之别,这种二分模式是非常现代的产物,在中国传统读书人乃至普通人的心目中,城乡不是一对对立的范畴。若一定要说,在中国历史中至少有三个范畴:城市、小城镇、乡村。这三者之中连接起城市和乡村的就是小城镇。在江南地区,前述那些以天下为己任、塑造社会风气的读书人很多就来自小城镇。顾炎武曾说要"寓封建于郡县之中",这是中国历史上的一个大命题,同时也是世界上疆域广大的国家都要面对的问题。你不可能靠一套直通到底的郡县官僚制来进行全部的统治,必须在地方上留出自治的部分,培养一套自我管理的模式。这个郡县中的封建如何去实现?明清时代中国小城镇中的士绅其实做得非常不错。他们通过教育、慈善和公共事业为江南地区塑造了文脉,进而释放了无与伦比的地方活力。习惯了国家与社会两分的学者往往看不懂中国士绅——这些士绅有时是属于国家的,因为他们是官员;有时他们好像又属于社会,因为他们为民请命,投身公益,与行政官僚对抗。那么他们究竟是属于国家还是社会呢?其实他们恰恰不在国家和社会的两分法里面。在庙堂,他们有官员的角色,在江湖,他们有士绅的角色,而他们的安身立命处则在小城镇,其生活和精神在小城镇的文脉中生生不息。

第三,从历史维度看,这个话题在上海讲有其特别的意义。从历史来说,上海所处的江南地区既是中华帝国的经济中心,同时又是文化中心,能够成为双重中心就一定与成熟的城市文脉相关。从现实来说,我们必须长期正视中国的地区不平衡。至今的状况仍然是上海有什么,可能全国就没有什么。同时上海也有"霓虹灯内"和"霓虹灯外"之分,不可能到处都是陆家嘴。尽管到了浦东陆家嘴,人人都艳羡鳞次栉比的高楼大厦和灯红酒绿的生活方式——可以说每个人到了陆家嘴都会产生做现代人的强烈愿望——但你总要回到自己的城市或者上海的其他地方。这时我们就要思考,上海的城市文脉究竟在哪里,一定不只是陆家嘴的高楼大厦,还有别的东西在里面。

谈了历史维度,下面我要分析这个议题在现实中展开的一些可能性。

城市文脉的塑造在历史中总是和林林总总的建制相关。在明清时代,地方上的祠堂、书院、私塾等空间背后其实都有着一套建制,其中最重要的是两种,一个是家族的建制,另外一个是学校的建制,它们能够生产出城市文脉。我们现在要寻找城市文脉,就要思考如何重新构造建制。在福建、广东、广西地区,我观察到家族建制依然非常重要,和那里的城市文脉也息息相关。在江南,我们恐怕要抓住学校这个建制,因为现在学校离社区的距离并不是特别近,同时教授的东西也太过"现代"。不过最近已有转变的迹象,像昆山市的学校就特别重视顾炎武,中学里面会花大价钱来专门设计与顾炎武和传统文化有关的教室、影音室和展览室。学生基本可以做到在学校里与乡贤和大儒"朝夕相处",耳濡目染。结合昆山的经验,一个城市如何通过构造建制来重塑文脉或是我们需要重点思考的问题。

古镇也好,新城也罢,都要面对一个寻找"社会重心"的问题。而"社会重心"无他,就是人!中国传统里"社会重心"是贤与能,是有功名的士绅。今天,我们强调社区的自组织、社区的自治、社区的共享,但这里有两点需要进一步思考。一个是你怎么进去,特别是作为党员你怎么进社区。在列宁的《怎么办》里、在中国共产党早期的文献里会有一整套方案告诉你应该怎么进去、怎么融入,既有操作性,同时也有超越性。而我们现在可能对此稍重视不足。另外一个是你以什么样的角色进去。苏共和中共的早期党员进去以后,一方面是和群众在一起,另一方面,他们的角色和传教士、士绅是相似的,要成为群众学习、追随和效仿的对象。而我们现在后面的一个意识较弱。成为学习和效仿的对象意义何在？这里可以举两个个案为例：一个是上海财经大学的黄天华教授,另外一个是已经过世的复旦大学的沈渭滨教授。这两位教授,一个是在特别关注国家课题、权威刊物的风气里特立独行,基本上不拿国家一分钱,独立写出 500 万字巨著的学者,一个是在七宝享有极高声望、开追悼会时许多七宝人都来追思的乡贤式人物。有这样的人物树在那里,社会的重心就有了,风气的扭转是水到渠成的事。所以城市文脉即在这些人的行动中,也在人们对这些人的追忆里。

第三个是塑造"有机"的纪念空间和仪式存在。纪念空间和仪式存在对城市文脉养成的重要性无须多说。我这里要强调的是一个"有机"的问题。就是这些纪念空间和仪式存在有没有"在地化",有没有和社区连接起来,有没有和老百姓的生活相关。它们表面上是一个物质空间、文化仪式,但里面要满载着情感。我们如果追溯中国共产党的革命历程,其中就有许多使纪念空间和仪式存在"在地化"的丰富经验,美国著名中国学学者裴宜理(Elizabeth J. Perry)就专门写过一篇文章叫《重访中国革命：以情感的模式》,十分值得参考。

最后我想以英国诗人罗塞蒂的一首关于"风"小诗来作为结尾,其云：

谁曾见过风？
你我皆不曾。

但看木叶舞枝头,
便晓风穿过。

谁曾见过风?
你我皆不曾。
但看万木垂梢首,
便晓风吹过。

19世纪末的小说征文比赛
——读《清末时新小说集》

世事真奇妙！1895年5月,一个英国人在中文报纸上发起了一个以抨击鸦片、缠足与八股文为主题的有奖小说比赛。三个月后他收获颇丰,从福建、广东、江苏、浙江、山东、河北、陕西、湖北、安徽、江西和上海等地源源不断寄来的应征稿件足有一百六十二篇。可这些文章尚未被公开出版,就跟着他漂洋过海去了美国,可谓命运多舛。直到2006年,伯克利加州大学东亚图书馆人员在搬迁时才偶然在堆满杂物的旧储藏室里发现了它们。这批重见天日的手稿日前以《清末时新小说集》(上海古籍出版社2011年版)之名出版,这个英国人名叫傅兰雅(John Fryer)。

关于傅兰雅和那场百多年前的小说比赛,韩南(Patrick Hanan)和黄锦珠等学者都做过很好的研究,其中尤以韩南的研究最为精细。不过他们都不是奇妙世事的受益者,只能根据《万国公报》《中西教会报》《申报》和当时可见的两三部小说发言,因此不少论断只能是推测。韩南就注意到至少有一半参赛者出自教会学校,而从现在的原稿看数量恐怕远远不止一半。即使其人不出自教会学校,也与教会有千丝万缕的联系。"时新小说"

的作者群呈现如此风貌既在预料之中,又耐人寻味。在预料之中是因为傅兰雅深厚的教会背景和他在当时西学传播中无可替代的重要作用。傅氏既在京师同文馆、广方言馆、江南制造局、格致书室、英华书院和益智书会等西学教育、翻译和传播机构有教职、闲差与股份,又与华蘅芳、李善兰、瞿昂来、钟天纬、郑观应、蔡尔康等中国人讲西学的中坚分子来往密切,互相捧场。由此通过机构的辐射影响、人们的口耳相传与报刊的广泛流布,这场"时新小说"比赛在教会的讯息网络中得到八方呼应就不足为奇。耐人寻味的则是这个网络是如何建立起来的?回答此问题就必须要追溯传教士们在近代中国走出的那条"历经苦难而痴心不改"的宣教之路。

1842年《江宁条约》开放五口,"大鼻子"纷至沓来。其中除了商人,最多的就是传教士。和商人相比,传教士有传播福音的强烈使命感。像郎怀仁(Adrianus Languillat)1846年在山东传教被抓后就曾对当地地方官说:"在五口通商开放之前,早有传教士来到中国。目前五口通商开放了,传教士继续又来了。五口通商如关闭了,他们还是要来的,为了救人灵魂,传教士既不怕挨打,也不怕死。"

正是在"救人灵魂"就"不怕挨打,也不怕死"的信念感召下,传教士们往往比商人走得更远,走得更向下,也走得更苦。如抛却"文化侵略""精神鸦片"等先入为主的成见,他们"在路上"的困苦煎熬与生死细节都颇令人动容:

> 小圣堂和神父(的)住房都是茅屋,墙壁和屋顶是用芦

席做的,地板也只是平整过的泥地;岛上没有燃料,菲薄的菜饭,只用几根干芦柴匆匆煮成……好多次,我的四肢冻僵了,刺骨的西北风从芦苇缝隙吹进来,把我桌上的油灯也吹熄了。我背上好似有千百把尖刀在刺割着。

(1862年7月,年文思主教动身去直隶。)从天津到张家庄……整个旅程八天,气温酷热,经常在摄氏45度以上。他先是局处在一只狭小的破船中,继而又颠簸在破烂的大车上,因此筋疲力尽。7月31日,主教感染了霍乱。虽经百般治疗,但不见效,终于在下午1时咽了气……主教逝世之前,曾作信德宣誓。他虽已病入膏肓,但当会长神父读到宣誓条文"我许愿服从教宗"时,虔诚的临终者尽力撑起。那时,他已不能讲话,而仍数次用力咬嚼,重念会长神父所读的宣誓条文。

这些困苦煎熬与生死细节一方面成就了布道者的自我救赎与对上帝的奉献,另一方面也成就着他们在中国土地上的巨大事功。这些传教士出没于中国的口岸与内地,进入州县以下的基层社会,创建学校、提供医疗、兴办报刊,历数基督的神迹,演示科学的奇妙,并试图开化那些背后拖着长辫子的人的思想,告诉他们种种关于国家与世界的崭新道理!

传教士们的所作所为之间并不是没有紧张性的。如何平衡俗世事业与灵魂拯救?怎样把上帝和科学联系在一起?他们的"传教事功"越大越深入,引发的反弹也就越强烈,他们自己就把那段教案迭起的黑暗岁月称作"教难"时代。但这段岁月让传教士的事业在华扎下了根,并使中国人意识到"夷狄"尚有不少可学习之处。科学则被不断改头换面成"上帝神迹"和"自然准则",悄然却深刻地动摇着中国人各种根深蒂固的思想观念。而条条潜流要汇聚成不可逆转的"时代潮流"则在甲午中国战败之后。从这个意义上说,1895年是一个极其重要的年份,因为它起到了催化剂的作用,但同时我们也应该看到一切从19世纪60年代甚至40年代起都自有端倪。

拉杂谈了那么多"时新小说"产生的基础,让我们回到其本身。傅兰雅虽然对各地写手的积极性很感满意,但对来稿的质量却不甚满意。在他看来:

> 在中国人当中新观点很缺乏,由此,许多尝试不过是旧文学的垃圾。诗歌尝试新形式并冠之以新标题,但过于浅显。中国人的创造力水平很低是常见的评语,这个事实在这些小说中得以充分表现。他们体现出来的创造力极少。

以上是对这批"时新小说"的总评式论断,落实到具体问题,傅兰雅又点出了"时新小说"的六项毛病:一、立意偏畸,述烟弊太重,说文弊过轻;二、演案稀奇,事多不近情理;三、述事虚幻,情景每取梦寐;四、出语浅俗,言多土白,甚至词尚淫污,事涉狎秽,动曰妓寮、曰婢妾,仍不失淫词小说之故套;五、歌词满篇,俚句道情,虽足感人,然非小说体格;六、通篇长论,调谱文艺,文字固佳,非本馆所求。

其实不需要通读所有原稿,只要读过其中的一小部分,就能基本判定傅兰雅的评论字字到位,句句在理。这批"时新小说"中的绝大多数谈不上有好的技巧,人物苍白,故事寡淡,甚至不少作品大概根本就不能算是小说。虽说它们顶着"新小说前的新小说"的高度评价,但水准恐怕难以企及后来的《官场现形记》《二十年目睹之怪现状》等谴责小说,更不用说那些至今还为人乐道的传世名著。不过事情自有它的另一面:作为文学作品它们是如此拙劣,作为史料它们却相当珍贵和难得。为何这样说?实与近年的史学风向及其遇到的困扰相关。

所谓史学风向既可以用王汎森要寻找的"执拗低音"去解释,也可以用葛兆光提出的发现主旋律外"嗡嗡"的大背景来说明。不过这一切又谈何容易。斯皮瓦克(Spivak)之问即底层人能不能发出自己的声音仍然在一遍遍提醒我们捕捉"万状而无状,万形而无形"的历史流风的重重困难。虽然研究中国近代史的材料浩如烟海,但往往到了寻找材料的时刻,我们总感觉到中国留存的"一般读书人"的材料不够丰富。幸运的是"时新小说"能稍稍弥补上面的遗憾,若对其善加利用,它至少能提供一个基础或注脚。

所谓基础指的是数据库结合关键词的研究。"时新小说"中出现了不少具备典型时代特征的重要概念,如"富强"。"富强"一词不仅在正文里比比皆是,甚至出现在两篇小说的标题中,分别是《富强传》与《论中华不能富强之弊于此三事为最——鸦片二时文三缠足》。此外在"时新小说"中如官员、士人上奏折、拟条陈、写上书等提倡向泰西诸国学习的"想象性方案"也不在少数。有作者就说要"各乡城市速联诚平社",聘西儒教授新学。子弟更应联名禀告官府转奏皇上,聘请"泰西道学院教师数十名广兴诚平之学",还要分州县成立"郡学教堂",与西人教堂连通,这样"诸人疑忌之心顿释",且知"求天爵者可邀人爵",闹教之事或可避免。再于省城设立"实学教堂",京城设立"仕学教堂"与"太学教堂",则三年左右富强有望。(册12,页173—174)还有作者一时技痒,竟借小说大肆卖弄起自己的那点西学皮毛:

> 这西学都是什么?明公压言静坐,请听我略说几样。最要紧的就是格物,这是我中国失传的学问,其中气学、水学、力学、光学、热学、电学样样都莫不有理。若明白这些学问的理,然后再学这各样的手艺,才能造出一样东西,没有不精妙的,没有不中用的……更有蒸的汽,其力更大,当日是因着烹茶看见壶盖叫,汽顶起,因此想出这汽力有大用。以后有人试出一斤水化成汽能顶若干马力,从此轮船、轮车各种机器越做越多,省出无数的工夫,得了无数的利益……其余的天文、地理、算数、医药以及行车、航海、掘河、开矿、枪炮、火药、栽种、树艺等事都莫不有学。所以中国而外,如英、美、俄、法、德等国都精心讲求。他的民才莫有不富,国也莫有不强的。(册12,页255—258)

这些重要概念、"想象性方案"和对西学的认知如能转化为数据库,通过关键词检索、频率统计和与其他数据库相比照的方法,或许可以稍窥"时新小说"的作者们泰西想象的来源和变异。当然这样的研究自有其局限。它取代不了史料的细读,同时它对历史认识的深入仅仅提供了可能性,而非必然性。

不过有上述共识后,以此种方式对"时新小说"展开研究仍是可行的。首先,它有足够的资料量,一百六十二篇应征稿件,总字数估计超过百万。其次,应征作者具备地域的广泛性与出身的基层性,尽管绝非目不识丁之辈,但身份一定远远低于学界爱用的几部士人日记的作者,如孙宝瑄及其《忘山庐日记》。最后,"时新小说"具备资料的独特性。目前数据库结合关键词的研究太过注重报刊,而什么可以成为思想史的资料,学界早已大大拓宽了它的入选范围,凡有助于了解精英和一般人思想史的资料都可纳入。因此在报刊之外,阅读报刊之史料,科举考试的试题、答卷与参考书,各类调查问卷、学堂教科书、教案与课堂记录,书店的书目和发行、销售档案,时调歌谣等都应该纳入。其中理应包括如"时新小说"般围绕八股文、缠足、鸦片等当时热门话题发言的史料。有了研究基础,再加上花费数月工夫细读完毕的工作量,一个注脚也就呼之欲出:"时新小说"能够帮助我们更全面、深刻地理解和把握从1895年开始的"转型时代"。

"转型时代"的重要性不言而喻,从张灏开始,一批学者都在此论域内精耕细作并取得了丰硕成果。但研究越深,此论域内浮现出的问题也就越多。"时新小说"的价值在于它从一个侧面展示了当时西学对相对普通的人群影响究竟有多深,甲午之败对人心的刺激有多大,以及传统资源如何在开新的过程中与西学交缠互动。甚至我们可以发现在1895年时对"新"的崇拜就已非常明显地表露出来:

今天下竞尚新新矣。尤竞尚时新矣。新既为人心所共欲,时新尤为人世所同趋,心所共欲,则图谋者必众,世所同趋,则争恐者良多,所以或修身者务时新,齐家者务时新,治国者务时新,平天下者亦务时新。要皆趋时为贵,厌旧为怀,其故实因修身能务时新,则身可修,齐家能务时新,则家可齐,治国能务时新,则国可治,平天下能务时新,则天下又可平。古今来大有为之士必不舍时新图习旧,而与庸人同一辙,不求出新之良策也。吾也横览五大洲之风土人情,溯其中之兴衰盛败,而知其无不定于趋时不趋时,求新不求新耳。使非如此,何以西帝称雄者,东帝莫振也。观今日之泰西各国,识时既远,爱新尤加……不第西方惟然,即东方有区区小国名曰日本者,三十年前审时度势,而舍旧从新,于是鼓其志气,奋发有为,一旦亦可以小驱大,反弱为强,睹斯况而信斯言,则所谓时哉不可失,而去其旧,故求其新特者,良不诬矣……我中华立国数千年来,非一堂堂之大国哉? 今则顿居人后者,其故不必求诸远难也,亦曰旧弊害之而已矣。日本立国至于兹,非蕞尔弹丸之域哉? 今亦称雄宇内。其故即在目前也,亦曰时新使之而已矣。(册13,页3—5)

另外"时新小说"还有不少它自己未说却启发我们去思考的问题。比如在华的教会系统是如何用各种方式将西学知识向下普及的? 这一点至今仍然只有模糊的认识,而缺乏精细的考察。教会所培养的新知识群体怎样与当地的儒生竞争与合作? 各地的教育、科考改革中有无他们的身影？这又是一个饶有兴味的问题。最后则要问如何再认识 1895 年前后思想转型的延续性和断裂性这一大问题。

在昏暗的油灯光影下努力创作"时新小说"的清末众生，恐怕不少都未能逃过 1899—1900 年的教民浩劫。即使侥幸逃脱，以他们的卑微身份，也少有人会为其树碑立传，叙说行状，其人其事只能渐渐风干于时间的尘烟中。幸好还有泛黄的原稿让我们倾听他们来自百多年前的微弱声音。

一部特立独行之书

——读《晚清的士人与世相》

读大学时，经常在华东师范大学前门边上的一个小书店买书，在那里曾拣出了一本书叫《百年嬗蜕：中国近代的士与社会》。当时并不知道杨国强先生究竟是何方神圣。不过看封面上的提要，想起那是当时已读熟的《近代中国的新陈代谢》和《陈旭麓文集》里常见的名字，于是立即拿下！

转眼间《百年嬗蜕》断断续续读了近十年，直到先生的新作《晚清的士人与世相》（生活·读书·新知三联书店2008年版，以下简称《士人与世相》）醒目地摆在了各处书店的推荐架上。严格来说，《士人与世相》不是一本容易评点的书。这份不易并不在先生的文字，他的文字按照"豆瓣网"上某位网友的说法"比当下时兴的那些史论著作明显高了几个档次"；也不在其关注的论域，晚清的士人与世相大概稍知历史之人都可以谈上几句；而是作为一本学术著作，在这个爱说"规范"的年代里，却不太讲求"规范"。

规范要求论文都要有学术史回顾，《士人与世相》中则篇篇皆无。规范要求论题能限定范围，最好既能够解剖麻雀、填补空白,又能以小见大、见微知著,但《士人与世相》中举目都是《清代的功名与富贵》《论"庚申之变"》《晚清的清流与名士》之类的"巨无霸"式论题。规范要求严格定义核心概念,并围绕核心概念展开论述,但《士人与世相》则整本书未见任何核心概念。一本学术著作如果与通行规范太不相凿枘,大多时候可判断其不太入流。但《士人与世相》的"特立独行"在我看来正凸现了先生的研究特色和其背后的深切关怀。而要了解这些特色和关怀,先生在自序中所说的"读史多年,大半都与晚清士大夫缠磨于古今中西之变的感慨苍凉之中"正是最好的夫子自道,以下试解说之。

与先生治史岁月相伴随的是曾文正公、胡文忠公、左文襄公、李文忠公,以及沈文肃、彭刚直、丁文诚、曾忠襄、刘忠诚、张文襄、翁文恭、李越缦、王湘绮、盛愚斋和张季子等晚清士大夫的各类辑集。上述人物背后都沉淀着厚重的研究成果,先生治学最初即是以曾国藩的个案研究一举成名。吊诡的是,时至今日曾文正公等人的排印本全集几乎都已出版,对他们的研究却仍然多停留在单个人物上,或细部补充,或重复劳动,能一一翻检通读进而做综合开拓性讨论的实属凤毛麟角。若是非排印本,而为直接影印,龙飞凤舞、字迹难辨的原稿如李越缦和赵能静的日记,开卷的人数可能就更为稀少。晚清士大夫(尤其是所谓一线士大夫)研究的停滞不前肇端于当下学风之转移,自梁启超写《李鸿章传》始,百多年来此领域为史学界一块精耕细作多遍的熟地。虽然"熟地"意味着晚清士大夫研究渐变为一个"老课题",其相关材料也在"老课题"的引领下多转化为"常见史料",但对史学而言课题本无所谓新和老,"稀见史料"与"优秀成果"

之间也并不存在必然联系。可是近年来的学风以创新为目标，以前沿为本位，"新课题"和"稀见史料"基本赢者通吃，这些看似难出成果的一线士大夫则稍受冷落。学风转移带来的一大后果即是研读文集、日记、年谱、传记等士大夫史料的基本功夫逐渐丧失。尤其是相较于日本京都大学以基础史料为聚合的著名学术共同体和岭南、香港等地年年开办、薪火相传的历史人类学理论、方法研讨班，晚清士大夫研究基本功夫的传承状况就更加不容乐观。

不过课题不受重视、功夫逐渐丧失仅仅是表象，更深层的困境在于如何在晚清士大夫研究的"老课题"中发现新问题和真脉络，在对"常见史料"识字辨义之外，还要能读出背后三味，即使不通晓古今中西，至少也应具备或接近"当年三家村学究所普遍拥有的基本知识"（罗志田语）。这对研究者的要求其实非常之高。而先生正是目前对这类"基本知识"相当熟稔，并能将基本知识上升为史识洞见的学人之一。这从他多年来与晚清士大夫的"缠磨"可见一斑。

作为其整个研究的中心和重心，先生文字中与所谓"核心概念"最接近的是"晚清士大夫"，但离"核心概念"这种西方学科内部衍生出来的术语最远的也是"晚清士大夫"，因为这五个字根本无法定义，也难以就其本身开展演绎分析。它的丰富性和复杂性只能依靠先生与晚清历史日复一日的"缠磨"来显现。在这"缠磨"中看不见的是先生埋首苦读、静坐沉思、常常一天仅能推敲得百多字的青灯岁月，看得见的则是从青灯岁月中淘洗出来的、专属于先生的独特文字。这些文字有时能勾勒出独特的人物,令其跃然纸上,呼之欲出。如先生就以"拙诚和智术""侠动和淡泊""百结忧悒"等文字论曾国藩的多重人格。其中如"拙诚""智术""侠动"等词均为不二之选,若更易他词则去文正公之真情态远甚,若代之以"封建官僚""刽子手""改革家"等就只能感叹五十多年来史学界学术用语的苍白和无力。有时则能提炼出那个时代自然衍生出来的几组时词,如"功名与富贵""理与势""义理与事功""清流与名士"等等。这些词既是概念,先生会梳理它们自身以及之间的演化脉络;同时又是问题,而且都是依托于历史情境之下虽一直存在却被遮蔽甚深的问题。以上种种决定了:

其一,先生的研究具有极强的脉络感。这种脉络感的建立很多时候需要考察数十年乃至上百年的历史发展进程和完整的历史事件,但在操作层面上,那些表面颇"巨无霸"的论题因有晚清士大夫这一集中对象而成了中观的、可推进的论题。像《清代的功名与富贵》这样的题目看似无比巨大,但先生作此文之命意却是要让阅读者知道一个常识,即在清前期士大夫的功名与富贵往往是割裂的、不为正比例的。请不要小看这一常识!在所谓封建社会发展至顶峰、官僚贪污腐化必猖獗到不堪入目的想当然话语之下,这一常识的不普及已经相当久远。而在其被揭示之后我们会发现,历史情境中士大夫的哀乐、荣光、无奈与矛盾突然就在眼前。如将此文再联系先生另一篇关于太平天国运动后王朝权力结构升降起落(《军功官僚的崛起和轻重之势的消长》)的长文,就会顿悟为何先生会拉出从勋臣到重臣再到权臣的变化轨迹,原来这条轨迹和那个常识叠加就给了我们一个有关清代主流士风嬗蜕的整体关照。

其二,先生能在最一般的史料里读出别人从未提及的东西。比如常见的《梁启超年谱长编》,先生从中既能读出梁氏作为一通缉钦犯却能在清末士议鼓荡的年代里深度干预朝政的有趣故事,也能借民初他回国后的双眼看到科举废除后失去正常上升凭借的知识人各显神通跻身体制的积极和不易。题目也并不时髦,大多是看似说烂的题目,如两次鸦片战争、洋务、新政、义和团。但先生的魔力在于他能运用其独一无二的文字以全新的角度切入,提出真正的问题,进而成一家之言地用老却极其重要的题目把握住士大夫这一近代中国卷入时代变迁最深,也最能反映时代变迁的群体。

其三,正因为士大夫是近代中国卷入时代变迁最深,也最能反映时代变迁的一个群体,其所涉及的问题就不仅仅是士大夫自身,而是近代中国的各类重大问题,从而让先生的研究处处都体现出对"古今中西之变"的精妙解读。

以反满意识为例,在美国学界,"新清史四书"中至少有路康乐(Edward J. M. Rhoads)的《满与汉:清末民初的族群关系与政治权力(1861—1928)》和欧立德(Mark C. Elliott)的 *The Manchu Way: The Eight Banners and Ethnic Identity in Late Imperial China* 直接讨论此问题。其他如柯娇燕(Pamela K. Crossley)等学者的研究也都或多或少涉及此问题。"新清史"如此重视"满洲"当然与美国学界对"族群"问题的偏爱有关。此类研究在史料上多强调用"族群"自身语言书写的材料,在视角上突出"族群"的独特性和与其他"族群"的差异性,在方法上一般拒绝"根基论"或"自在论"而强调建构和塑造"族群"的因素和进程。正是有了上述研究特色,"新清史"对清代的"古今中西之变"才会得出不少受到学界重视的独特看法,此无须赘言。但如果将时段从整个清朝缩小至清末,先生的研究对当红的"新清史"来说就正是一种挑战。

"新清史"为突出"满洲"的独特性,普遍认为清朝代表着一种特殊的政治风格、政治模式和政治统治。因此满洲人从未失去过自己的族群认同,以致满汉分殊一直到清末甚至以后都始终存在,而满汉分殊的存在可以解释为何反满言论在19、20世纪都还能如此有力。以上观点如针对"汉化融合论"下的满洲人研究尚有些道理,但对清末满汉关系的整体判断却近似夏虫语冰。满人统治的特殊性一直存在,但清末的历史大变动却是汉族军功官僚崛起,此后从庙堂到地方的权力转移进程是汉员的日益强势与满员的整体弱化。满汉分殊当然也一直存在,但清代的分殊并不意味着像元代那样将人分等级,压迫深重,反而因制度性的分殊造成了入关当年历史血污的淡化和满人生计的贫困。但问题是何以在满人贫困、满员弱化、族群矛盾日趋缓和的同时,反满意识勃然兴起?何以太平天国的反满之声引起了士大夫守护名教的"八方激越",20世纪最初十年的反满意识最后打落了清廷的皇冠?这些问题若一味强调利用满文档案或厘清满人的族群认同,大概会得出南辕北辙的解释。

因为清末的反满意识在很大程度上是被从汉族士大夫这一古老群体里分裂出来的激烈人物塑造的。因此反满意识的源头、内涵和影响也就多在他们的言辞、文章之中。在这些言辞、文章里虽然充满着不可究诘的多义和歧义，但却因那十年的特殊情势，如在戊戌中被动员出来却再也回不去的汉族知识人重拾起了历史潜流中的族类之辨，又如东西洋学理中民族主义普遍被接受，终于让满汉矛盾失真地成为当时中国最大的矛盾，以至连幼小的钱穆、费孝通都知道了皇帝是满人，汉人要反满。同时满人也身在这一潮流之中，像章太炎的《訄书》一出，汉人不敢多传布，可杭州驻防金梁却能购买数十本分赠满人识字者，并说："汉人已如此，我们还可不振作吗？"旗人恩特亨曾是陕西"维新重镇"味经书院的弟子，此时已看明"革命"必成功，清帝国必亡，汉人必倡"种族复仇"而尽杀满人，因此表现得恒深忧惧，以下棋与酗酒自残、自晦，又希望移家汉城以纾祸，可是却受限于旗人规例而未成功。从这些满人的例子可推测清末所谓满人的"族群认同"和钱氏、费氏的认知并无太大区别，同样是对"失真"的"再映射"和"再再映射"，很多时候可能比失真离得更远。

先生上述的研究特色如进一步归纳，即是"通贯"与"整体"。先生由此牵动读者内心的并不是现代化"上升"的喜悦，也不是半殖民地半封建"沉沦"的痛心，而是阵阵由历史引动的欲说还休的"感慨苍凉"。此种感觉正是先生在《士人与世相》中倾注了他多年来的深切关怀所引起的。

先生年轻时多困厄，深造无门，又患病痛，十年蛰伏方得进入门径。此后，既经过了20世纪80年代知识分子挥斥方遒、指点江山、以为市场化改革和民主政治即是解决一切问题良方的狂欢时刻，也亲历了90年代后资本力量主宰全局、光鲜改革背后鱼龙混杂的矛盾岁月。这促使他反思"天下大势浩浩荡荡，顺我者昌逆我者亡"的历史进步主义的局限,进而转向了追寻一种"自有其理"(on their own terms)的晚清史独特写法的道路。

同时,学界近十年被课题、期刊、评奖牵着鼻子走的情状渐渐浮出水面,与之相伴随的是学人的矮化和矮化中节节支离、节节破碎的学风。在这一进程中有人选择了犬儒,有人选择了嬉游,有人选择了批判,而先生选择的是他常说的"临难不苟"。今日所谓"难"并不在烽火连天中的命悬一线,也不在艰难时世的冻馁之忧,而在于种种无孔不入之诱惑下的坚持和自守。《士人与世相》会是今天的这般模样,字字句句背后正是先生一年又一年坐寂寞冷凳的坚持和自守。

如果说近代中国乃一千古未有之大变局,《士人与世相》则让读者看到了晚清大变局中许多可爱、可叹、可悯的士人和可哀、可笑、可思的世相。百多年过去,今日之中国未见得就已走出变局,或许前路依然漫漫。由此看来,那些士人并不遥远,那些世相也绝不是仅供凭吊嗟叹的历史陈迹。他们仍然如影随形!

"民史"的写法
——读《生逢革命:辛亥前后的政治、社会与人生》

6月,阴天。偶看新闻,听到这几日颇红火的话剧《蒋公的面子》的作者温方伊慢条斯理地说,文艺作品能震撼人心是由于创作者的才华,而历史能打动人心则在其本身不可思议,却曾真实发生。(大意)不禁心有戚戚,想我等作史者处于"真实发生"和"不可思议"间该如何去做? 结论是甚难!

不过难事总得有人去做,也一定会有人去做。孙明君的新书《生逢革命:辛亥前后的政治、社会与人生》(北京大学出版社2013年版)希望以"普通人"为主角,写他们遭遇辛亥革命的历史。从字面上看其取向似很"时髦","眼光向下""关注基层""说老百姓自己的故事"等提法至少在史学界已喧闹了十余年。可是喧闹归喧闹,只要数数任公提倡写"民史"后的一百多年来,真正写"民史"的作品究竟有多少,就可知道大声喊话和落到实处间的距离有多大。

这当然是有各种各样的原因。原因之一是史料的限制。中国史籍自然浩如烟海,但仔细考索其中有关"民史"的材料可能就不太乐观,这和我们史料留存的历史进程密切相关。陈平原先生说:"我们的现代出版业,一路走来,风风火火、跌跌撞撞,没有那么一种从容与淡定,因而不太重视档案资料的管理。更何况,先有炮火纷飞,后有运动连场,侥幸留存下来的,多为'名人墨宝',而非'历史资料'。"

"现代出版业"如此,"前现代资料"的情形也类似。尽管近年来不断有大量县一级的如四川南部、浙江龙泉等地的档案"出土",为日后的"民史"写作提供了史料可能性,但至少目前我们仍在艳羡达恩顿(Robert Darnton)能如此幸运,走进"历史学家的梦境",坐拥瑞士最大出版机构纳沙泰尔印刷公司档案库中的丰厚材料去撰述《启蒙运动的生意》;感叹勒华拉杜里(Emmanuel Le Roy Ladurie)好命地寻觅到法国南部一个小山村的宗教裁判所的秘密档案来完成《蒙塔尤》。比较之下,中西撰写"民史"的史料条件确实有不小的差异。

原因之二是为何写"民史"的混沌。前文所说的史料问题虽然存在,但只要有眼光(视角)的切实转换,史料总还是有的,而且还可能不少。但"转换"过后,为何而写"民史"却未必那么清晰。目前较多的有以下两种为何写"民史"的倾向:一种是试图打捞挖掘昔人日常生活中的种种,以再现其生活起居、社会交往、文化趣味、消费经济等诸多历史面相。这种倾向一面呼应了欧美学界对于私人生活、消费文化等领域的关注,一面亦可让作者和读者通过对历史的描摹和阅读来满足自身的趣味和审美需求。由此不少"民史"写作的目的即在于"日常生活史"的重现和品鉴。不过此种倾向若走向极致,不免有研究的过度"逸乐化"和"私人趣味化"之嫌。

另一种倾向则是使"民史"成为谈论"历史重大问题"的话头和注脚。这种倾向可以追溯到五四,甚至更久远的时候。"民"从来就是传统中国政治运作中至关重要却又最模糊不清的一个概念。而到20世纪以降,"民众""大众""群众""人民"等概念虽也一次次被突显,甚至被神圣化到一切合法性来源的位置,我们却依然看不到"民"究竟在何处,遑论其真正的喜怒哀乐、悲欢离合。像鲁迅笔下的阿Q、祥林嫂等似乎都为普通人,"正传"之类从表面看也传递出精英试图写"下等社会人的生活"的愿望,甚至还表达了精英对他们的"无限同情"(李长之语)。但这样的"民史"背后却承载着如改造国民性、重估传统、启蒙民众等诸多"重大历史任务"。在今日看来,这些任务并非已不"重大",但一旦通过话头和注脚的方式与普通人对接,似乎并未合则双美,而是两相错位,彼此黯淡了面目。

原因之三为怎样写"民史"的困惑。中国人写普通人的历史似有些先天不足,因为传统史著多遵循"春秋不书死"的原则,以致其中普通人的身影并不多见。钱穆在谈中国历史人物研究时即说:"历史虽说是属于人,但重要的只在比较少数人身上。历史是关于全人群的,但在此人群中,能参加创造历史与持续历史者,则总属少数。"

不过钱穆又指出:"中国历史之伟大,正在其由大批若和历史不相干之人来负荷此历史。"其言语的曲折处似也为普通人入史留下了一定的空间。无论如何,中国传统史学虽不重"庶人",但却以写"人"见长。翦伯赞曾对法国人说:"讲到传记的历史,中国数第一。"吴于廑也曾指出:"把当时已知世界历史视为人的活动过程而非神意展现过程的思想,是古代中国史学的优良传统。""孔子作《春秋》,既以记载人事,亦以服务于人事。"因此与写普通人"先天不足"并存的是我们有注重历史中"活的人事"这一传统优势。可是这一优势却在"尊西人若帝天,视西籍若神圣"的近代中国渐渐消失不见,取而代之的一个长程趋向是近代以来史著中"人"的退隐,常常忽略了历史中"活的人事"而换为"死的材料"。1949年后,历史研究更进一步强调"意义"的挖掘。而"意义"挖掘的深刻与否又和有无引证、对话外国学术作品(初或为马列经典,后基本为欧美中国学)密切相关,以至于目前史学界多的是大受"社会科学"框架影响、列举一二三四"创新点"的专著、论文,却少能见"人"及其"行事"的作品。

当然,同样因为"尊西崇新",在史景迁(Jonathan D. Spence)等学者影响下,"说故事"的作品似乎又有一定的振兴之势。但从目前看,此类作品或许从源头上就有追求"好看"压倒"见识"通透、"故事"曲折离奇超越"人"之理解评断的因子,赵园先生就说自己"有时会感到他们对中国文化的隔膜"。转看国内,受史氏等人影响的著作虽已陆续出现了一些,但它们难以闯入已壁垒森严的专业学术评价体系,遂转向大众阅读市场,因此总稍觉其热闹有余,深度不足。

对照以上三点,《生逢革命》的好处和尚可讨论处就都可看得比较清楚。从好处来说,《生逢革命》最得我心的地方即在注重"活的人事",而非仅仅去写好看的"故事"。其次则在于孙君读史的功夫。罗志田先生曾指出:"档案特别是基层档案的运用在近代史研究中极为不足,造成我们史学言说中乡、镇、县层次的论述迄今非常薄弱。"而《生逢革命》正是利用基层档案丰富我们对清末乡、镇、县层次历史认识的一种颇能见其效的努力。孙君作学位论文时曾在四川各个县级档案馆里爬梳材料,再加上其师承渊源和自身禀赋,他处理档案的本领自不必多言,值得特别说一说的是《生逢革命》档案之外的一些东西。

这几年笔者参加研究生的开题和答辩时,常听学生说某年到某年因为档案较少或付之阙如,所以论文在这一时段内就只能写得单薄甚至无法落笔。这套说辞乍听似有其道理:史料为史学的基础,无档案即巧妇难为无米之炊,论文如何做得下去?但仔细思量,问题却没那么简单。近年来史学界越来越重视档案资料的挖掘整理,这当然是令人欣喜的现象,但另一方面我们在忙于打捞档案、夯实史料基础的同时,或许也越来越忽略了史学研究中另一些根本性的东西,比如历史学的想象力。前述说法最大的问题在于"档案"仅是史料之一种,史学研究从来就需要各种史料的结合互证才能完成。而且即使史料完备,它们仍只是历史长河中的点滴碎片,相对绵延不绝的历史过程而言,希望史料达到"足够多"再来拼接还原历史基本是不可能完成的任务。梁启超即说:"往古来今之史料,殆如江浪淘沙,滔滔代逝。盖幸存至今者,殆不逮吾侪所需求之百一也。"因此史料缺乏的断裂空白处必须要由史学的想象力来填补。孙君正是在综合解读各种史料后,在发挥想象力来收拾碎片上有其独到之处。

比如他在处理第一章时就直接指出:"清末威远县衙档案今已不存,对刘香亭案及清末威远政治的还原,仅能得鳞爪而不能窥全貌。"(页4)这其实是自谦的说法,否则他就不会以"宣统元年四川威远团保变乱案本末"作为此章的题目。而在没有直接档案的情况下要述说一事之"本末",就必须在其他相关材料上下功夫。为此孙君充分利用了已出版的当地文史资料,更出人意料的是他寻觅材料的范围离开了威远,也不在四川,而是在数千里外的第一历史档案馆中找到了印证此事的重要史料——赵尔巽档案。这正是一种寻觅"草蛇灰线"的想象力。又比如对于川人、光绪牌位和保路运动的研究已非常多,但孙君却另辟蹊径提问:为温饱奔波的小老百姓为何敢顶着先皇牌位冲向平日庶民避之不及的衙门?据他自陈,问题的产生源于"2003年国庆假期,我住在川大家属区一栋破旧的公寓里,每天天刚亮出去时,麻将已先声夺人,暮色里乘着酒兴归来,麻将也正在兴头上"(前言页2)。孙君所见成都人会"过生活"的模样一般会给大多数去过那里的人留下深刻印象,不过不是所有人都能够如孙君般更进一步,联系上百年前的历史故事。这也是一种"沟通古今,移情体味"的想象力。

从可讨论处上说,《生逢革命》的主角们在严格意义上算不算"普通人"或许是一个可议的问题。在笔者看来虽然他们的个体身份是矿工、绅商、学生、先生和不知名的小市民(见题记),但他们能够入史主要还是因为他们中的大多数可称为"地方精英"(local elites),或者说"地方上之有力者"。之所以这样说与中国近代变与不变多歧互渗的特殊格局有关。就孙君考察的四川来说,真正"普通"的民众恐怕正对应着近代中国不怎么变化的那一部分,想讨论他们与新政和革命的互动影响恐怕不是特别容易(尽管在一些地方孙君已做出了令人赞赏的尝试,但城市和市镇、乡村间毕竟有很大不同)。真正可谈的恰是如"赵老太爷""假洋鬼子"这一类的人物,因为他们对地方社会的搅动留下了不少能让日后治史者寻觅解说的痕迹。同时他们也是受近代社会变迁影响最深、回应这些变迁最为积极主动之人。1902年一位京官在赴蒙古的路上就对朝廷办新学发出感叹,说:"学堂一开,尽讲新学洋务,凡富家延师,学堂收考,尽皆少年才艺略通洋学之辈,而老师俗儒,均以揣摩时文,确守讲章,不通时务,摒弃不用。此辈谋生无路,其闭户乐饥,安分力农者能有几人,势必越礼犯分,为害乡间,是又风俗世道一大忧也。"

这种对"越礼犯分,为害乡间"的重重忧虑,正是孙君所关注的一个核心问题,即新政与革命展开后的曲折万千、跌宕起伏与清末民初基层社会已成地方有力者之"斗场"互为因果,其表象或体现为民与绅战、民与官战和绅与官战,但究其实质往往是绅与绅战。从此点延伸开去,笔者阅读《生逢革命》恰恰感到川人的"绅与绅战"虽可能多一些霸蛮和血腥,但西潮和新潮的流风似未浸透他们的灵魂,因此从袍哥首领到同志军领袖,从县城豪商到乡间学绅,他们的行事和文字都还有一股磊落的气象在。不比江南文人,从明末开始就以一种躲在揭帖、传单和巷议背后使劲的方式来"绅与绅战",绵延至清末,从"新人物"到"反新人物"整体格局都带上一种猥琐卑下之气,不少所作所为看似轰轰烈烈,实则既小且陋,摆不上台面。这也提示我们,若多从"上下左右"看史,所谈所论或能不局限于"地方社会"一隅,拓展为更大的考察视野。

至此,笔者不禁想起不少前贤名家常问的一个问题:"为何要填补这块空白、不去填补那块空白？理由是什么？"此问题揭示了自任公将"普通人"纳入历史研究范围后，可作题目的数量突然膨胀了许多。但以目前史学研究尤其近现代中国研究的基础乃建立在一片流沙地上的事实而论，如果仅仅以做"普通人"的研究为由来支撑选题，似并不太理直气壮。从这个意义上说《生逢革命》启发我们：研究"普通人"或"非普通人"的意义或都在于揭示曾真实发生却不可思议的历史关节之处。研究"普通人"不妨从他们对于历史关节处的影响与回应入手，再从这些影响和回应处来沟通"普通人"与"非普通人"，进而我们才有可能解说片断零散的"人事"，把握上演"人事"的晦暗不明却又有迹可循的舞台。正所谓："人物一旦出场就要按照他们自己的逻辑去生活，故事则推着笔往前走！"（前言页1）

史学研究本土化的实践

——读《在商言商:政治变局中的江浙商人》

当下被称为全球化的时代,但这并不意味着学术研究从资料、问题到方法的天下一统。近几年一个不争的事实是,全球化正带来本土化(或曰地方化)的骎骎乎勃兴。或许多样与统一并存、和合与差异同在正是全球化时代学术应努力实现的目标,可惜这一目标在中国史学研究中却晦暗不明。面对鱼龙混杂的西洋理论、应接不暇的海外大家、光怪陆离的新鲜名词,随波逐流、整日跟风者有之,闭门造车、不闻不问者更多,以致不少成果缺乏最基本的学术增量,更不用说以本土化来回应西方强势的学术挑战。在笔者看来,要实现中国史学研究本土化,大体要做到以下三点:全面扎实的史料基础、与相关学术成果的反思性对话、独特清晰的问题意识。这里要评介的冯筱才的《在商言商:政治变局中的江浙商人》(上海社会科学院出版社2004年版,以下简称"冯著")就为我们提供了一个可贵的实践范本。

在华勒斯坦(Immanuel Wallerstein)看来,学科分类并非自古就有、天然形成,而是19世纪以来资本主义世界体系发展的产物,是深受自由主义意识形态扭曲的产物,其合法性需要被严重质疑,因此需要开放社会科学以打破学科分类的局限。但此论一出就有学者追问,既然19世纪以来建构的社会科学被自由主义意识形态所"扭曲",那么华氏的理论会通过何种意识形态或哲学使其不至"扭曲"?既然年鉴学派的"整体史"被人批评为乌托邦,那么华氏的"历史社会科学"既要分析事物中不变、重复的特性,又要分析其经常、永恒的变相,其中是不是蕴涵着更大的乌托邦可能?

通过争论我们发现,史学作为一门独立学科的存在虽然已受到挑战,但暂时并不会动摇,因此其"主体性"之来源——史料依然是史学在为人类知识大厦添砖加瓦时最先投入的部分,为史学研究本土化之基础。

冯著之史料基础堪称广阔和细致,其中一手史料即达六十二种,二手史料更达八十三种之多(页318—340)。不过"上穷碧落下黄泉,动手动脚找东西"还并非冯著在史料方面最鲜明的特色,因为史料找到何种程度可以出手并无统一尺度。以冯著的研究时段1911—1925年、研究论域"商人与政治"的史料纷繁复杂论,如果仅仅以自圆其说为标准,立任何一说大概都可找到相当多供支撑的史料,但反证可能更多,故立说能否采信绝不能只看史料达到的数量,更重要的是看论者对治史所持的态度。冯著指出:"一些学者在阅读历史资料前,便已确定一个西方的理论或者概念来做预设的前提。这些'史料前预设'是历史研究的大忌。"(页19,注3)

但有了态度,仍需要有具体的操作方法。"论从史出"这四个字不免简单,"史学即史料学"易生歧义。别人从未用过的史料毕竟是少数,大多总还是你用我也用的常见史料。它们不会自动帮助你提出新问题。新问题从哪里来?就要与相关学术成果进行反思性对话。余英时言"在一定范围内博览群书,现代社会科学的训练则在阅读过程中发生部勒组织的作用。读之既久,许多具体问题便浮现脑际",正是此义。

冯著试图"对话"的成果主要为三大类。其一,海外以陈锦江(Wellington K. K. Chan)、曼素恩(Susan Mann)、小科布尔(Parks M. Coble)、白吉尔(Marie‐Claire Bergère)、傅士卓(Joseph Fewsmith)等学者为代表的美国中国学、法国汉学的学术成果。其二,台湾以李达嘉、张桓忠等为代表的"中央研究院"近代史研究所的学术成果。二者的共同特点是以官商关系为焦点,强调商人对"国家现代化建设"的贡献,或者以"对抗论"来重新阐释商人与政府之间的关系。(页4—5)其三,中国大陆以朱英、马敏、虞和平等学者为代表,以"商会史"研究为龙头的诸多学术成果。其特点为从解释框架变更入手,以现代化史书写代替革命史书写,继而引进"市民社会"的分析路径,强调以国家与社会的对立出发来研究商人、商会。(页16—17)

以上三类学术成果出现的时间并不一致,跨度从20世纪60年代一直延续到90年代,但仔细考察其各自的特点却有趋同的迹象。这一方面反映了经过了数十年的闭门滞后,大陆学界正在重新吸收、思考海外、台湾等地学者所提出的极具见地的学术成果;另一方面也说明大陆学界在全力以赴"拿来"同时,也有深陷其中而不能自拔的可能。可喜的是冯著正努力超越"拿来"之后的窠臼,其对话具有深刻的反思性。

反思之一——概念。从民族资产阶级到买办资产阶级,从早期资产阶级到资本家阶级,从绅商到商客,从政治参与到民族主义,从重商主义到商战,冯著所对话的一系列论著都或多或少运用过这些概念,但却甚少严格论证过上述概念的意指范围与使用限度。党人、军人甚至学生等群体都可能被纳入"资产阶级"范围,那么以这一概念来指代商人,商人研究的自主性何在?绅商、商客、暂居商界之政客是不是商人的主流?如果不是,商人究竟是哪些人?西方政治学语境中,政治参与的形式包括投票,竞选,公民自发行为,组织政党、社团或利益团体。民初商人却很少有这些举动,那么其"政治参与"又是怎样的?民族主义运动有对外御侮之一面,亦有对内政权建设之一面,后一面是如何体现的?重商主义除重视商业之义外,更有国家干预社会经济生活之义,在清末民初两种重商主义是如何表达、实践的?这些概念在历史情境中的流变转换在冯著中都一一有所体现。

反思之二——空间。历史学当然与时间密切相关,但近年来史学研究对空间的重视已然达到了新的高度,冯著亦不例外。他注意到以往学者讨论中国的商人与政治,多以上海为中心,或认为上海具有代表性。对此冯著提出,在近世中国,上海是一个最为独特的城市,其政治化、商业化、国际化程度均是其他城市不能比拟的。处此环境中的上海商人又如何能作为中国商人的代表?(页10)当然如果仅及于此,冯著之反思还算不得一个真正"空间"意义上的反思,因为任何一个区域史研究取径都必须回答如何"以小见大"或者"见微知著"的问题。冯著论述背后更宏大的背景是美国中国学界非常流行的"沿海—内地"两分说。

在他看来,在"近世商人与政治"这一主题上,沿海中国与内地中国并不存在本质性差别。江浙与其他区域历史表象上的差异并不能掩盖一些问题基本脉络上的相似。

反思之三——方法。革命论、现代化论、国家—社会论是大陆史学界在"商人与政治"这一论题上走过的方法论三部曲,海外和台湾可能粗看只有一部或两部,不过三部曲的影子还是不免或隐或现。关于三种方法论之局限冯著已然做了很好的梳理(页16—18),此处不赘。不过类似梳理在近年的其他成果中也并不鲜见,奏出第四部曲来完成本土化却几乎无人为之,而这需要独特清晰的问题意识来展开。

冯著一再强调历史研究应围绕"问题"展开。在其一系列反思之后,既有研究的问题意识也渐渐浮出水面,即"商人为什么不能在政治上有所作为"或者"中国近代商人为什么不能构成一种独立的政治力量"。而在这些问题意识背后处于沉默状态的思想预设则是"中国近世的商人有政治企图,但是由于自身力量虚弱或者强权的压制而最终未能实现"。对此,冯著追问:"中国近世商人真的想在政治上有所作为吗?他们真的想构成一种独立的政治力量吗?如果答案是否定的,我们究竟应该如何理解他们与政治之间的关系?"

针对普遍性的问题无疑是犀利的,因为它可能触及了以往所有研究的"软肋";也是独特的,因为无人提问之处必定是一片未经开垦的处女地。但是否能自成一说呢?则需要从初步的问题意识中衍生出一个类似于"中层理论"的清晰框架对更宏观的问题进行回应。比如革命、战争、民族主义运动等任何中国近代史研究都无法一一绕过的关键词。

冯著以这些关键词的个案研究为基础提出了"产权与秩序"这一解释框架。他认为,自晚清开始,由于民族国家建设与商人私利的关系一直处于紧张之中,商人追求利润的行动并没有找到一个稳定的"合理性"理由,而是依附于经济民族主义的口号。商人的财产权问题不但没有得到解决,而且经常受到各种政治力量的冲击。于是财产权利的动摇与维护构成了近世中国商人与政治关系的核心。

在商人眼里,革命、战争与民族主义运动最重要的一面可能便是对他们的私有财产造成冲击。他们为应付这种"产权危机",便会有种种的努力。商人的行动自然是以"私利"为根本,但是他们的挽救行动也可能会促成一种"责任群体"的实现。商人的应变行动可能会表现出一种"政治参与"的假象,但实际上近世中国商人仍然没有多少政治意识,他们对政治的关心建立在其是否波及自己产权的基础上。而一旦有低成本的维持秩序或者保护产权的途径,他们便会放弃自己的"政治参与"。对政府而言,能否给予商人私有财产权的承认与保护,是决定其与商人关系的关键。

"产权与秩序"论在笔者看来自有进一步商榷和讨论的余地(详后),但却是真正的"一家之言",是读书有得的产品。其集中体现于三个方面:

一、"产权与秩序"论使得以往的"精英人物中心"返归了"普通商人中心"。城镇里大大小小的商人本身,而不再是那些披着商人外衣的"将相学党"成为焦点。

二、"产权与秩序"论不仅关心各种商会章程、规定，以及商人言论的"表达"，更关心他们动态的"实践"进程，使历史考察的层次更趋立体丰满。

三、对某些颇受意识形态左右的事件，"产权与秩序"论大胆突破迷障，揭示出各种复杂的历史面相，还历史于真实。因此"产权与秩序"论比起"资产阶级"论来更能接近从史料内部透射出的真问题，具有客观的基础和自然的脉络。

不过冯著把"产权"等同于"财产权"一说恐稍有问题。"产权"概念的定义恐怕不比"文化"这样众说纷纭的概念的定义来得少。匡克在《产权理论在中国——二十世纪九十年代中国产权研究综述》一文中介绍的产权定义就有七类之多，如产权平行于所有权、产权大于所有权、产权等于所有权、产权小于所有权、广义产权与狭义产权、法学产权与经济学产权、科斯与产权定义等。另外"产权"是否是具有普适性的概念，亦可存疑，王家范老师指出："无论称生产资料归谁所有，还是今天我们改用产权的概念，解释的理论手段无疑都来自西方。这些外洋舶来的帽子，对中国不是太大就是太小，因为它原本就不是为中国定做的。"在笔者看来这的确是运用"产权"概念分析中国历史的一个危险，而冯著似对此种局限性和复杂性分析稍嫌不足。

读完冯著，掩卷而思，不禁想到了杨念群先生在2004年香山会议九大学科共论"新史学"后的"忧思"：

> 我原先以为不同学科的进入会使历史学这具骨架上的血肉更为丰满，没想到最后好像被其他学科吃得连骨头都

没有了。历史学自身的特性似乎遭遇到了更为严峻的挑战。……如何确立中国历史学的主体性可能是未来相当长一段时间内中国历史学家必须努力关注的问题。

由这番议论笔者想到,其他学科"吃"历史学或许还并不是最可怕的状况,最令人担忧的是治史者自己无意识的"反噬"。冯著的优长从另一面折射出大陆史学研究一些还不太令人满意的状况。"凭史料说话,与优秀学术成果对话,以问题意识圆话"看起来是很高的要求,其实也是基本的要求,所以脚踏实地的实践与思考历史学主体性问题或许同样重要。

地方的解剖术

——读《远去的都市:1950年代的上海》

现代性的一个最大特征或许就是人之周遭世界连及内心种种价值、认同的多变、善变与速变。如果说在19世纪前,尚可以将百年作为一个变化之世代的话,那么到20世纪后半期则可能十年甚至五年就要"笑问客从何处来"了。今日的上海人只能在老照片和老电影上观看和回味还未成步行街的南京路、周边是农田的徐家汇和热闹熙攘的梵王渡火车站,从这种"经变已无影,无影仍有迹"的意义上来说,20世纪的上海已然成为一个轮廓迷离、似在雾中的都市。不过也正因为她"似在雾中",反而更吸引历史学家们来一探究竟,张济顺教授的新作《远去的都市:1950年代的上海》(社会科学文献出版社2015年版,以下简称"张著")就为我们提供了一个如何拨开迷雾、解剖地方历史的范例。

一

张著从大的学术脉络上看,其彰显的一面来自美国中国学丰厚的研究传统。张著的参考论说中不乏裴宜理(Elizabeth J.

Perry)、周锡瑞(Joseph W. Esherick)、叶文心、毕克伟(Paul G. Pickowicz)、柯伟林(W. C. Kirby)等美国中国学谱系中响当当的学者。其中对作者影响最大的或还是魏斐德(Frederic Wakeman, Jr.)教授。在自序中作者提到,1994—1995年访美期间最难得的收获来自魏斐德教授在一次学术讨论会上的评论和其后两次单独与她的讨论。(页2)为何魏氏的意见如此重要?我们需要简单地回顾魏氏对于上海史研究的一些基本思路,概要而言有三点:

第一,魏氏师从"莫扎特式的史学家"列文森(Joseph R. Levenson),从日后的作品看魏氏拥有不逊色于老师的惊人的史学天赋。这种天赋从表象上说是读其书如读侦探小说般过瘾,若学术性地概括则是跨地域文化的感受能力、史事之前后左右的联系能力和对政治、社会复杂多面性的穿透能力。基于此,魏氏经常会感到"任何现成的西方概念都难以容纳现代上海历史的丰富与多样性"(页3)。

第二,魏氏研究上海,一方面掌握有丰富的史料,他的"上海三部曲"引用的资料"大到系统的档案卷宗,小到各式市井小报,各式文献和图书资料达数千种,很多极为生僻,即使根据名目按图索骥尚不易寻得"(韩成:《三个时代的上海警察与社会治理》)。但另一方面作为天才型的历史学家,魏氏不会被史料束缚捆绑,他用娓娓道来的叙事来描绘现代上海的多元文化和不同时期的各方权力争斗。可以说既是地方的又是世界的上海成了他源源不断史学灵感的源泉之一(另一个则是魏氏的故乡加利福尼亚)。

第三,在上海史研究中魏氏特别强调的是现代中国历史演进的相关性和连续性。以《上海警察》为例,他要建立的就是"晚清改革、国民党的统一和社会主义国家建立之间的联系;抢劫者和革命者之间的联系;警察和罪犯之间的联系;不同背景的特务之间的联系;从1910年的天津警察、1931年的上海公安局到共产党中国之间的联系"。

这些基本思路在张著中都有一定的体现,据作者总结:"魏斐德教授的意见促使我带着明确的'转型与延续'相统一的问题意识跨入1949年以后的上海史研究,不再为'规律''必然'与政治褒贬所构成的'目的论'或'决定论'史学所左右,也不再让丰富的历史材料成为传统与现代、国家与社会等二元对立概念的填充物,而着力去发现1949年以后天翻地覆的政治改造表象背后延续着的历史本身的逻辑发展。"(页3)

张著不太彰显但也极其重要的另一条学术脉络则是她多年来对于大陆上海史研究成果的"继承性反思"。读书自无定法,但笔者以为张著较为适宜的读法或是从附录的七篇文章读起。尽管这些文章被作者自谦为"无论是史料基础还是学术水准,都显薄弱与粗浅"的"跟跄学步"之作,但它们无论是对于理解本书还是上海史研究的深入都有着"旧文新读"的意义。主要表现在:

第一,当下治国史者除少数几位最出色的学者外,不少都难脱从1949年谈起的"横空出世"之病。这些作史者往往因缺少晚清和民国的"前史"积累而造成其成果一往前推就露出马脚。而附录中的《论上海里弄》和《沦陷时期上海的保甲制度》二文正为我们理解第一章 20 世纪 50 年代上海的"里弄换颜"提供了长程的视野和"前史"的关照。

第二，作者自 1990 年起已经对历史自身的复杂发展与以简单褒贬为表现形式的"历史意义"挖掘间的紧张性做出思考。这种思考最突出地表现在并未正式发表的《上海租界研究的思路更新》一文上，在此文中作者提到："如果把上海租界视为一个多元价值体系，将研究思路从褒贬相加的价值判断转向价值关系的阐述，上海租界研究可能会向客观和全面靠近一些。一切与上海租界有关的历史素材都应当进入研究的视野，而不是根据既定的褒贬判断进行筛选。"（页 394）这段话写于 1993 年，恰在作者赴美之前，但它又与前引作者受魏斐德影响后的研究思路有异曲同工之呼应，足见一个学者对于另一个学者的"影响"并非仅是单向度的关系，"影响"对于一个好的研究者而言，很多时候是等待着一把钥匙来打开他内心早已准备好的呼应结构而已。

第三，作者对于如何研究上海社会史做过不少自觉的方法论反思。在《近代上海社会研究界说》一文中，作者特别强调，"基层上海人一旦成为近代上海社会研究的主角，其意义就不限于对社会结构变迁的决定作用，而会牵动这一研究时限的变化"，因此"上海统治者的更换在某些方面具有突出的意义，而在一些更为基本的方面，特别是市民的日常生活方式、文化范式，则可能无关宏旨"；考察基层上海人在近代化进程中的经历，"阶段的划分要模糊得多，甚至可以不考虑阶段的划分问题……上海的家庭模型、文化观念、生活方式很难用阶段来区别"。（页 350、351）

这些方法论反思都证明作者二十多年来一直在考虑"转型和延续"并存、互动和共生的关系,但同时在这么长的时间里作者大概又因反思的深刻而面临艰巨的挑战。因为"立足基层,模糊阶段"虽然是精彩洞见,但一旦落实到具体研究,会遭遇重重困难:

首先,近现代中国素以"变"而著称,所谓"阶段"的划分正是立足于变得多、变得广和变得深的预设之上。虽然近年来"变与不变"的交错互生已被不少学者所重视,但要讨论以"变"为鲜明特色的一段历史中的"不变"部分着实不简单。

其次,为基层人物写"民史"是自晚清梁任公就积极呼吁并得到众声响应的作史思路,但时至今日,面对"基层人民能否真正发出声音"之问,要切实地书写"人民群众自己的历史"又谈何容易?

最后,若具体到张著处理的"国史"中,则近年来的有趣现象是上层政治史的重构因档案的开放程度等问题而进展稍缓,反而是各地基层各种类型的史料层出不穷,精彩异常,为撰写共和国时期的"社会史"提供了极大的便利与突破的可能。但这种上下间发展的错位与不平衡,也极容易造成地方"社会史"研究的碎片泛滥和诠释瓶颈,那么张著是如何应对这些艰巨挑战的呢?

二

在笔者看来作者是以包含了多种武器的"地方解剖术"来应对前述的艰巨挑战。这里先谈其中最醒目的一件武器,即通过

"重构延续性"来再解释1949年之"巨变"。作者并不否认1949年后上海社会的巨大变化,但她不能认同的是对于这种巨大变化的两种看似清晰、实则过于简化的历史诠释:一个是中共对上海旧的社会结构及其社会基础进行了彻底的清除,并在此过程中以原来的底层民众为核心重构了社会,构建了国家政权的社会基础;另一个是1949年后党国体制走向顶端,国家吞噬社会,上海社会经历的天翻地覆的改造正是"极权主义"的一个佐证。(页24、25)

在作者看来这两种诠释看似方向截然相反,但却分享着相同的预设,即"1949年是一条巨大的鸿沟,彻底截断了历史"。但历史又怎么可能被彻底截断?张著就希望"重建历史转捩点的丰富与复杂,打开重新解释1950年代之路"(页23)。这句话对我们理解作者在书中和其他各种访谈中反复强调的"延续性"极其重要。

它一方面说明张著的"延续性"重构是建立在承认1949年是历史转捩点的基础之上。因此作者在对各章的处理中都未淡化和忽视20世纪50年代中共建政过程中"改男造女态全新"的一面。如在第一章作者指出:"在居委会的有效运作下,非单位人群投身政治运动之热烈可说是史无前例,保甲组织无可企及的政治功能也得以充分发挥,几乎每天的报章广播都报道这类消息。"(页48)"邻里间相互监督的强化一方面有助于加强居委会作为国家控制工具的功能,另一方面也使得政治运动渗透到居民的'开门七件事',成为里弄生活的日常方式。邻里和家庭的政治色彩更加凸显,共存关系持续紧张。"(页71)在第五章中作者则总结："好莱坞的被驱逐（绝迹上海滩达30年之久）使上海电影市场发生了结构性的变化，称雄数十年的美国影片从上海文化市场上退净……1950年底，上海电影市场已是国产影片和苏联影片的一统天下。"（页276、277）

另一方面这句话又告诉我们所谓"延续性"不等于"相似性"，更不等于"重复性"，而是要凸显历史发展的丰富性和复杂性。正如鲁迅所言："看中国进化的情形，却有两种很特别的现象：一种是新的来了好久之后而旧的又回复过来，即是反复；一种是新的来了好久之后而旧的并不废去，即是羼杂。然而就并不进化吗？那也不然，只是比较的慢，使我们性急的人，有一日三秋之感罢了。"作者在接受访谈时也曾说到一些国外学者关于"延续性"的开拓性研究。她一方面肯定这些学者的筚路蓝缕之功，但另一方面亦尖锐指出若单纯比较政策相似性，则可能慢慢"也会走到一个死胡同"中去。

因此重构"延续性"的焦点应在于考察"延续当中怎样发生转型和裂变"即"历史的非凭空创造和有负担前行"。正是有这样的"重构延续性"思路，一方面，作者对各章不囿于20世纪50年代的部分实极为重视，有些章节文字虽不多，但或有前期研究积累，或体现在背景梳理与行文点睛之中，另有些章节则直接将民国时期的上海与50年代的上海作为一个整体来进行处理。作者把第四章《约园内外：大变局中的黄氏兄弟》的时限定为1930—1966年。在这一章中她提出了一系列与历史延续性相关的问题，如"教会大学的消亡、高等教育的体制转型及校园政治文化的变迁如何侵入学人的知识结构、价值取向和精神世界，个体的能动性是否就此消解,个人的思想、精神与情感世界是否就此变得单调,个人的特殊经验又如何转化为新的政治文化意义"(页 193)。要回答这一连串问题,研究者就必须要知道教会大学未消亡前是何面目?高等教育体制和高校政治文化在民国是哪种模样?(黄)嘉音、嘉德兄弟两人的特殊经验为何?等等。这种贯通前后的提问方式在对研究者提出更高要求的同时,亦为上海城市史研究的突破打开了"新路"。

另一方面,若聚焦至 20 世纪 50 年代,则张著在"重构延续性"的思路下对当时上海社会与新政权碰撞互动时的复杂历史图景多有深刻而精彩的展现。张著第一章就梳理了当"新政权遭遇旧里弄"时所要应对的三大难题,即:一、上海基层社会的人口流动过频与空间分布过密;二、各阶层杂居,彼此职业不同、生活条件不同,福利要求亦有所不同,因此难以用一种政治号召驱动绝大多数居民的政治热情,也不可能存在长久的利益共同体;三、建立何种组织,既有别于旧保甲,又能有效地掌控社会,依靠哪些人去取代保甲,去建立和运行这样的组织。

正是因为有这样的三大难题,之后的历史过程就不可能是一个按照"国家逻辑"运用"阶级净化机制"彻底清除近代上海里弄中的社会基础的过程,而是"上海里弄社会的积淀之深、关系之复杂,利益之多元,远远超过了新执政者最初的估计与想象"(页 79),然后新政权"一方面推动、允许或默认了社会按照自身诉求,营造一方'新型'的自治空间;另一方面,沿用革命时期的政治动员经验,掀动底层,一波又一波专门针对里弄居民的清理整顿与普遍的政治运动相呼应"(页 80)。最后革命、国家、社会共同建构了共和国早期的上海里弄。

三

在"重构延续性"之后,面对让基层民众发出声音和上下历史沟通的困局,作者动用了第二件武器——"建立机制性"。就"让基层民众发出声音"这个问题而言,他们自然不可能完全发出自己的声音,因为其绝大多数没有属于他们本身的史料。可是通过史家在史料之海中的艰难爬梳,抓住蛛丝马迹,建立非表面的历史机制本身的运作逻辑,基层民众亦能够在大历史中占据一席之地,而非仅仅是大历史的背景和注脚。张著第二章就凭借对1953年新中国第一次普选的地方开展机制的剖析,让小人物们生动鲜活地走入历史。

在这个故事里既有吞金自杀的女工C,又有上了党报的老工人李杏生,更有成为区人大代表的女工李小妹。作者讲这些小人物的故事,并不是展示细节后就罢了,也不是要通过他们来证实或证伪普选与"人民当家做主"的勾连关系,而是要回答在普选的三个主要阶段选民资格审查、选举动员和选举人提名到最后选举中,是什么会让女工C因为选举而走向自杀?又是什么让一个默默无闻的老工人成功登上了党报?同时令一个"极为普通甚至在政治上不善表现的女工"(页108、109)李小妹脱颖而出,成了区人大代表?这些现象在当时和现在看都颇令人困惑,可是若史家能较为成功地对曾搅动过上海基层社会的普选做机制再建,则上述问题或都能得到立足于真历史的回答。

以李小妹为个案,张著就从"天时"——选举法定程序(联合提名制与等额选举原则相结合)对她的助力、"地利"——李所在的纺织行业和供职的仁德纱厂在选举中的独特政治优势以及"人和"——仁德纱厂的"微观政治环境"令她成为厂里既符合"官意"又符合"民意"的候选人三个方面梳理出了一条看似顺理成章、实则玄机重重的底层"劳动人民"跻身人大代表行列之路。(页108—113)

而就上下历史沟通这一难题而言,"上层史与下层史的研究不仅不相冲突,而且是互补的,若能两相结合,则所获甚丰"(参见罗志田:《见之于行事:中国近代史研究的可能走向》)。而张著正是一个"两相结合,所获甚丰"的例子。在第二章作者对新中国第一次普选中中共"主流意识形态的塑造"与底层民众自我认同之间的张力给予了充分关注(页132)。她除了探究普选运动本身的机制外,更努力去寻找中共之所以在1953年初迅速启动普选和制宪的原因。对此,作者与张鸣等学者有类似思路,即与斯大林的强力推动有关(页129)。同时中共又非全盘而是有选择地接受了斯大林的建议,双方之所以在一些方面能达成共识,主要是因为中共认为"把共同纲领变成国家基本大法"、通过普选将"联合政府"渐转化为"一党政府"(页129—131)是符合他们所认知的这一阶段革命之需要的。然后作者将上层史研究之成果与上海的地方普选勾连起来,提出了一个多面相的结论,即中共高层的认识和理念使得普选在为底层民众打开上升通道并激发其政治热情的同时,又和制宪一起成为中共"继续革命"链条上的一个关键环节。

如果说"重构延续性"与"建立机制性"这两种武器具有一定的学术方法论意义，后来者若能着力体会或也可以略窥堂奥，那么作者还有一种武器或许就属于"独门秘技"，使得此书在学术方法论的启示之外，具备了鲜明的个人风格，即"区域的体验"。

做"区域"或者"地方"之困难往往在于如何展示和凸显区域的独特性，使得区域不再是"全国一盘棋"中与其他棋子类似的"又一枚棋子"，同时又要回答这种独特性是以哪些方式和各种普遍性相联结的，这真是相当具有挑战性的任务。而作者因自己的"区域体验"有着解决这一难题的优势。

从附录中的《从小溪到大海：上海城市历史和现代教育》一文中我们知道作者的曾祖父是清末上海梅溪学堂的创办人、南洋公学（交通大学之前身）首任华文总教习张焕纶，作为上海城墙内的"老上海人"的后代，她对上海的历史变迁有一份源自家族血脉的独特感受。一方面作者系怀于历史的苍凉与无奈，看到了"消失在大上海百年历史之中的，远不止张焕纶这个具有新思想的老学究，而是整个上海老城厢和它的居民"（页413），但另一方面使她感到震撼的是，取代城墙内"老上海人"的新上海人在成为现代都市人的历史过程中"不断增添和强化了上海文化的开放和宽容的特质"，塑造了令人瞩目的"海纳百川，有容乃大"的海派文化（页414）。当然，对于新上海人取代"老上海人"的历史，或有更多的话可以说一说。

现代上海的开放是一个"面向世界"直至"走向世界"的过程，在此过程中西潮、新潮澎湃而汹涌。因此如何在潮流中站稳脚跟、海派文化究竟因何而成立就变为令人颇难回答的问题。

回溯以张焕纶为代表的"儒家经世读书人"的经历则可为回答提供更丰富的资源。沈恩孚写的《张先生焕纶传》就曾说道:"其(张焕纶)立教以明义理、识时务、体用兼备为主旨。其教科为国文、舆地、经史、时务、格致、数学、歌诗等;甲申年始增英法文,旁及洒扫;应对进退与夫练身习武之术……尤尊重德育,选古人嘉言懿行为常课。"

无疑张氏强调的不是无根的"海纳百川"和无原则的"有容乃大",而是一种"胸有定见,心有固守"式的开放,其定见与固守来自于儒学,又部分超越了儒学。张传又说:"中法之役,俾学生受军事训练,率之夜巡城厢,闻履声者皆知其为梅溪生矣。"这则体现了"儒家经世读书人"胸襟抱负系于天下苍生,而具体实现则多立足于本土本乡。既立足于本土本乡,"从事教育"在晚清的衰世中为一正途。因此张焕纶会被私谥为"宏毅先生",沈恩孚亦能从其事迹追慕他"陶铸时彦,警醒后学"的流风。这种流风曾长久地泽被江南各地,在民国时期乃至今日亦能见其余绪,听其回响,却慢慢与上海的都市文化绝缘。今日反观,当多有长思。

回到张著,我们可以发现正是有结合了长程历史和私人生活的对上海本乡的独特体验,张著在不少地方展示了如何用体验性来突破做"区域"之难题。

首先是体验性对于"档案话语"的修正与穿透帮助极大。张著处理的史料之最大宗无疑是形形色色的档案。这些档案可以视作关于20世纪50年代地方政治运作中的各种"表达",这种种表达是由无数意识形态化的概念、词汇和语言所组成,稍不留神就会跌入前文所述的"又一枚棋子"的陷阱。但作者因熟悉上海的社会与文化而在档案处理上颇有独到之处。如她在讨论上海20世纪50年代的香港电影热时就充分挖掘出政治话语掩盖下上海市民特别是青年们爱看、追看香港电影的那些简单、直白、生动的理由,进而重现被档案所遮蔽的多彩生活。如有人说就是专为看"主角陈思思面孔漂亮",才千方百计去觅得《美人计》的电影票。又有人说:"香港明星是人嗲,演得嗲!"也有人说:"我三天三夜(排队购票),就是为了《新婚第一夜》,今后找对象,就要夏梦一样嗲的女人。"(页289)而有了观众群的考量,作者亦注意到电影经营者们依旧延续着"在商言商"的特性,往往努力规避政治束缚,追求上座率,想方设法多多放映"打得结棍、苦得厉害、既轻松又紧张"的香港片。(页290)

第二,在档案和其他历史资料之外,作者擅用个体记忆与作为上海人的集体记忆来描摹"最难以呈现"的感觉、体验层面的历史。像在第五章中作者即指出优秀红色经典中的英雄人物给上海观众留下的印象竟往往不如片中的"反面人物"。如1958年的国产电影《英雄虎胆》,上海人记忆最深的是其中的女特务"阿兰小姐",而不是深入虎穴的英雄曾泰。"阿兰小姐,来一个伦巴"成了当年许多上海人茶余饭后讨论这部电影时能脱口而出的一句台词。(页293)这种观察如果没有植根其间的"区域体验"大概是很难得到的。

第三,上海作为一个超级大都市,其"多元异质"的社会特性要长期生活浸淫于其中方可能抓住一点神髓,而张著往往能通过寥寥数语将这种社会特性传神地表达出来。如说到上海里弄内的"异质人群",作者就用上海邻里间表征彼此关系的许多称呼来证明"五方杂处之近密",如老山东、小广东、亭子间好婆(苏州人对外祖母的称呼)、阁楼大大(扬州人对伯父的称呼)、前楼爷叔(上海人对叔叔的称呼)、后楼阿娘(宁波人对祖母的称呼)等。(页 30)

综观全书,作者着力揭示的是一个"都市迅速远去,摩登依旧在场"的 20 世纪 50 年代的上海。所谓"远去"指的是"1950 年代的上海确实称得上天翻地覆,国家的动员与掌控能力前所未有,一个统一有序的上海社会奇迹般地出现"(页 15)。这段"远去"的历史无论是史家还是读者或许相对还比较熟悉,但"摩登依旧在场""上海历史与上海经验并没有在 1949 年这个历史转折点上戛然而止"(页 17)则是张著对 50 年代上海史"去熟悉化"后重新书写的一大贡献。相较各种沉溺在追慕摩登、怀旧往昔情绪中的历史书写,从张著我们能够感受到的是一个上海人——她成长于 1949 年后,曾在艰难时世中暂时远离过这座城市,后来又因其专业而熟悉了解这座城市"由溪入海"、走向现代的复杂过程——其内心更大更深的关切。她关切的是上海的世界沟通、上海的地方文化之根与一个个上海人鲜活的生命故事。在这种关切里联结了人性与历史,老城厢与新都市,霓虹灯内和霓虹灯外,地方、国家与世界乃至历史的亲历者、书写者与阅读者。正基于此,读这段历史就不能不有所唏嘘,同时又不能不有所感悟。

附录

访谈：清末民初读书人的转型

记者："清末民初"现在常常作为一个特殊时段出现在各类研究中，它是如何成立的？

瞿骏：你问了一个很好的问题。我以前用"清末民初"不过是为了方便包纳我研究的对象和范围，但你给了我机会去思考"清末民初"在何种意义上可以成立。我想大概有这几点可以说：

第一，"清末民初"这样的提法大概有助于我们谨慎处理1911年革命的断裂性。1911年革命建立共和政体、推翻帝制，当然是几千年才出现的"巨变"。但对于这一"巨变"若只看1911年到1912年的情形大概就什么都说不清楚，至少要放在"清末民初"二十余年的时间里看方能有一些真切的了解（当然若能前后再多看若干年一定更好）。这其中值得特别注意的是梁启超等塑造的"君主专制—君主立宪—共和"这样的政体进化观点在既有研究中似仍占无意识的上风。由此共和政体在研究预设中具有天然的优先性与正当性,这经常使我们不能持平而论从帝制到共和的嬗变,同时又太过注意从帝制到共和的嬗变。

前一点导致我们经常对清廷"倒行逆施"的程度不得一个有分寸的解说。比如清廷立宪不得真义好像已是个定论,其实立宪之真义为何(包括各种外来学说之真义),不要说满洲亲贵,即使是当时中国看似最了解西方的读书人恐怕也不能弄得清楚明白。他们的脑海是各种舶来新思想观念的"跑马场",同时,混乱、纷杂、片段的新思想观念又成为他们逢迎顺取的好用工具。像从来最遭诟病的皇族内阁,这种设置"本清廷旧制所不容",但"立宪党以日本尊崇皇族之例相推,一转而使执持政柄""亲贵用事,实立宪党为之厉阶""满人敢于为此,实归国留学生为朝官者有以教之耳"。所以多有人认为清政之弊滥觞于戊戌、蔓延于庚子之后,这种"弊"并不是说清廷没有政体进化意义上的改革和立宪,而是说"纵令宪政优于专制,而主张立宪之人其实不如主张专制之人"。清末十年多的是少年新进和少年幸进,这些人"既非顽固,又非革新,不过是走旗门混官职而已",因此清廷最后几年的朝堂上"有官而无士"。可是在政体进化的眼光中这些人大概不少可被称为"改革志士"与"宪政先驱"。

之后清廷的倒掉和"共和"的实现正多得自于这些朝官和地方上新党的推力。于是他们的头衔又多了一个——"共和元勋"。政体之进化不会使这批"共和元勋"在革命后变成另一种人。民初"政界之泯纷贪黩,又甚于清世""一二良材,逃荒裹足。其联袂登庭者,皆斗筲之材也"。不过,这代表1911年革命的"不彻底"吗?一场推翻了两千年帝制的革命恐怕无论如何都不能被称为"不彻底",但进化之眼光确实经常让我们忽略推中国入"共和"之人很多时候是在"借新文明之名以大遂其私欲",或利用时代潮流的名义来"自遂其趋避之私"。

后一点则导致了很多问题其实有多重的面相,不能完全纳入"帝制—共和"之变的框架中,但其复杂性常常被我们的"共和眼光"简单化。比如目前对于共和国民的权利,多注意法条文字中的"国家政事必得国民的同意,所以无事不求国民利益""尊重人权,人人都受法律的保护"等条款。这些若只在"帝制—共和"嬗变的眼光中去观察,恐怕只能去问:何以这样的"好事"只存于文字之中,而未能真正实现?但若不局限于"共和虽已实现,民权却未落到实处"这一角度,我们会发现其实还有更多的面相可以去提问。

一个是"民之所望在实利,不在空权"。民生之实现大概是最低限度的民权,但亦是最重要的民权。尴尬在于当清末读书人将国家与君王两分后,被推到国家主人位置的是既为复数、又为个体的"国民","君贵民"就无从谈起。同时由富强目标指引的"重社稷"又指引国民必先要"贵国"且时时"贵国",由此国民又难得"自贵",遂让民生一题早在进入"共和"前就已被严重忽视,进入"共和"后也未得到大的改善。李剑农就指出:"(辛亥之后)民生的穷困未尝不显著,然而大家尚不觉得迫切;所感觉比较迫切的,就只有帝制复活与否的问题。从民国元年到四五年,中国的社会思想可以说是在一种僵冻的状态中,所有的政论和政党的政治活动,都与一般社会不生多少关系。"

与"民生"相联系,其实在由清入民国的不少人物看来,"共和"之前中国并不缺少类似于欧美的宪政精神和由此类精神衍生出的"民权"。这一点钱穆多有阐发,比钱穆说得更早的是吕思勉、李大钊。吕思勉就指出:"儒家虽崇君权,而发挥民权之义亦甚切。"李大钊则说:"(在中国)平民政治之精神,实亘数千百年巍然独存,听讼征租外,未闻有所干涉。谚曰'天高皇帝远',斯言实含有自由晏乐之趣味。即其间胡元、满清,相继篡夺,而中原民物之安平,未敢稍有所侵扰,安享既久,实效与宪典相侔。"

但这种"实效与宪典相侔"的局面却在清廷真的"仿行宪政"后开始被破坏。为"植立宪之基",省设谘议局,府厅州县办地方自治。数年间,省谘议局林立,府县议会多有,镇乡公所遍设,这种现象当然可以目之为中国人"政治参与"的扩张和爆炸,但必须注意到同时这亦意味着中国固有"政治参与"空间的缩小和消失。从省一级来说,此种政治设置虽看似为"地方分权",但其实是"谘议局弄权",再到民国的"督军拥权"。共和理想家欲以"分权"破"专制",但实际上是各省变成了一个个"小专制国",而正因其"小",则其行"专制"较之以往更为方便、通达和辣手。因为"夫贵擅于一人,故百姓病之者寡",一旦每个省内都"贵擅于一人",则"前此自由晏乐之恢余,渐为强权所侵逼,斯民遂无安枕日矣"!所以孙中山才会说:"夫去一满洲之专制,转生出无数强盗之专制,其为毒之烈,较前尤盛。于是而民愈不聊生矣!"

从府厅州县来说,士绅耆宿几百年间都是通过乡里宗族行地方之公益,办地方之"公事","自治"状态本地方所固有。钱基博就指出:"(清末)自治制未颁行,而地方则已自治矣,不以此而加自治也。殆(民国)三年政府停办地方自治,而无锡地方一仍其自治之习惯自治之,亦未尝以之不自治也。新会梁启超为人论地方自治,至以无锡与南通骈举为模范县。此则邦人君子之勤劳地方有以致之,与制度无与也。"

钱基博这段话正说明专制时代"自治"(地方人士对于地方政治的参与)本就有之,到了共和时代"自治"依然有其顽强的生命力;未明说的是,清末由政府强推的"自治制"反倒可能是对固有"自治"的妨害和摧折,同时"自治制"本身既能被政府所强推,但短短几年又能被政府斩断,既如此又何能谓之"自治"? 而且在清末民初的几年间,地方上不少人由原来的"乡里贤能""公正大夫"一变而为县以下叠床架屋之新行政机构之主脑。这种转变对于地方"公益""公事"的变迁、士绅耆宿的形象口碑都有长久的负面影响。

由此我常想,大概我们现在需要暂时搁置,至少是调整一下"共和"的眼光,不妨将北京政府看作一个继清而起的朝代,如此则对撰修清史、北京政府之权力结构、地方政治之转型等问题或能有更多别样的发现。

第二,从经历了清末民初到五四时代之人的回忆看,生活在清末民初这一时段中的读书人确实有其一定的独特风貌。诗人刘延陵就指出:"新文化运动与辛亥以前国内的政治思潮有一点大不相同,即是辛亥以前中国屡蒙国耻,举国上下最热衷于富国强兵,报仇雪耻;而新文化运动所介绍的各种主义则都不是国家主义或民族主义,所以它遂于无形之中使得当时的一般青年学子憧憬于一种大同世界的幻影。"郭沫若则认为:"二三十年前的青少年差不多每一个人都可以说是国家主义者,那时的口号是'富国强兵'。稍有志趣的人,谁都想学些实际的学问来把国家强盛起来,因而对于文学有一种普遍的厌弃。"

这种对国家主义的崇拜和追求可以说深入到了当时大多数年轻人的骨髓之中,遂在他们即时的"感觉世界"中多有表现,到五四时代,看上去读书人变得少谈国家、多谈社会,邵力子即希望能从"全民皆兵"转到"全民皆工"。但到1925年前后,"国家主义"又幡然而起,甚嚣尘上,那么此时的"国家主义"和彼时的"国家主义"有何关联?又有何不同?杨国强老师已做了一些很精到的解释,但若对清末民初读书人的这一特点继续深入研究,或仍有相当大的讨论空间。像恽代英就曾说民初的"军国民教育"主张他们是不太赞成的,因为这是"侵略性的军国主义的名辞"。他们相信担负革命重任的青年"身心的健壮是必要的,关于军事的知识具备一些,亦是有益无损的事",但最重要的是相信"革命的主义"与"宣传组织的力量"。这话正是对五四个人主义勃兴的一种反弹。恽代英强调,只有这样才能使"敌人的军队变成我们的军队",亦可以使"我们很少而且无多训练的军队打倒敌人的军队"。

第三,我们或要能在张灏所谓的"转型时代"中来看"清末民初"。"清末民初"是五四时代的"既存状态",又是"后五四时代"的先声与重影。其中颇值得注意的是,在五四巨擘中有很大一部分属于清末走向"分途"的新党。他们中的不少人直接干过革命,比如蔡元培、陈独秀(陈独秀就说自己的人生历程是从"康党"到"乱党",再到共产党);又有不少人在清末年纪尚轻,但却无比憧憬革命,比如胡适。因此这批人身上的"老革命党人火气"和"武断的态度"等都在各种史料中有所显现。这其实是在提示我们从清末到国民革命有不少连绵不绝的明线和隐而不彰的暗线,对于这种种明线和暗线的寻找、串联和解说大概都需要在对清末民初的研究中启其端,寻其源。

记者: 对读书人来说,1905年废除科举是命运攸关的大事,相关研究也很多,您怎么看?

瞿骏: 从后见之明看,1905年立停科举对中国读书人的影响怎样强调都不过分,但需要注意1895年后中国发生的各种变化太多且太快。从空间上说,各地纷起变化,但在同一时间里此地已在寻求"西政"之变,但彼地或刚开始仿造"西器"之变。从时间上说,前一个大变化经常未过几年就被后一个大变化所覆盖,导致前一个变化虽大却近消失不见。科举就是如此!

1901年8月,清廷颁上谕宣布科举改制。乡、会试头场试中国政治史事论,二场试各国政治艺学策,三场试四书五经义,且四书五经义"均不准用八股文程式"。此后四年间的两次乡试和两次会试,都是按照新章程来考士子。

这次科举改制正是一个被"科举立停"所覆盖,但实际上非常重要的巨幅变化。余英时曾指出,科举以"圣典"(四书五经)为基础文本,建立了一个共同的客观标准,作为"造士"和"取士"的依据。但对于"圣典"的解释又是多元的,不可能统一于任何"一家之言",因此科举制度在实际运作中往往生出一种自我调适的机能,使钦定的"正学"不致与科场以外的学术与思想的动态完全陷入互相隔绝的状态。

　　从余英时的洞见出发我们会看到,传统时代的科举制度不是完全没有"弹性",但 1901 年的变化之大在于,原来造成科举制度"弹性"的变量大致是单一的,主要来自于考官,现在一转而为多个因素在同时变化,且多是在无奈地应变而变。在多个变化里最要命的是,本应为不变之客观标准的基础文本突然膨胀到了边界在何处都不知道的地步。因此,考官进退失据,考生彷徨失措,围绕考试的各种生意则利用边界的模糊揣摩风气,浑水摸鱼。这一过程一方面催逼了科举的立停,同时又让历史有不少诡论性的发展。

　　从催逼了科举的立停来说,"八股改策论"后,由于基础文本漫无边界,考试范围就接近"临海无涯"。光第二场"各国政治艺学策"就包括了学校、财赋、商务、兵制、公法、刑律、天文、地理、格致、算术、制造,以及声、光、化、电之学等。对此考官困惑于如何出题,但礼部的回应却是"先以各国政治艺学中之切于实用者命题",而何为"切于实用"却只字未提(大概礼部堂官自己也不太清楚);学生迷惘于如何答题,但礼部的答复是"士子讲求时务肄习有素者,自可各抒底蕴",如何算"肄习有素"也片语皆无。于是"新学"就成了每一个考官和士子各有各理解的东西。早至《海国图志》《瀛寰志略》,到稍迟的《校邠庐抗议》、制造局译书和各种"出使日记",再到《盛世危言》《时务通考》和各种各样的策论汇编,一股脑儿都成了考官的"出题依据"和读书人的"备考资源"。不仅考生到上海买书,考官也到上海买书,甚至礼部都要去上海买书。更危险的是《清议报》《新民丛报》《江苏》《浙江潮》

《湖北学生界》等海外被禁报刊也成了供读书人备考的"新学进化捷径"。这种"过期新学""滥造新学"和"禁抑新学"共熔于一炉的局面让张之洞等虽试图以"中体西用"的框架来规范"策论科举",但其实他们既挡不住"周秦诸子之谬论",也封不了"释老二氏之妄谈",更不能抵抗"异域之方言,报馆之琐语"。那么这样不能为朝廷"得人"反而可能塑造叛逆者的科举,要它何用?

从历史的诡论性发展来说,1905年科举立停的消息放出后,除了少数基本与外界情势隔绝的懵懂乡僻之士,大概多数读书人对此都已有一定的心理准备,有些人在落寞感慨之余,甚至有"第二只靴子"终于落地的少许轻松。这是因为在科举立停前的十余年,读书人早已感知到科举将变和科举可能会停。1891年陶保廉就发现:"近人病八股之空虚,竞议以天算、舆地、时务等策论试士。"这种种"竞议"的汇集在戊戌前已形成了一股流风,维新变法的尝试虽然短暂,但更让"科举要发生大变化,甚至即将消亡"的感知萦绕在众多读书人的心头。于是读书人会以各种方式回应他们预感的科举之变。像郭沫若的族中长辈郭敬武是王闿运的高足,在成都尊经书院读过书。戊戌后他在四川嘉定的家塾里就以讲乾嘉朴学来应对废八股的可能。著名考古学家李济之父李权是"一县闻名的大秀才,拥有(当地)最大的学馆"。在李济读毕四书后,他也不按照旧日常规让李济读《诗经》,而是改读《周礼》。与李济同为哈佛博士的国民党大将俞大维(其父俞明颐是曾国藩的孙女婿,大伯是清末名士俞明震,姑姑俞明诗是陈三立之妻、陈宝箴之媳)也是读毕四书后不读《诗经》,改读《公羊》。这些个案都说明在科举将变之流风的影响下,读书人为子弟读书做过多样的"预流"。

在李济的回忆中还有一段耐人寻味的话:亲友们都感到父亲这一变动的奇特,但也没人敢责难他这一违背习惯的教育方法,"我在十岁以前已经意识到,我不是科举时代的秀才候补人了"。这又说明,地方上那些著名读书人如何应对其子弟科举,周围有无数双眼睛在盯着,他们读书的动向在当地都有示范和扩散效应。1901年"八股改策论"虽指向的是为科举延命,但实际却是又加了无数台鼓风机来激扬"科举将亡"的风势。改策论后不久,夏丏尊的父母就对他说:"科举快将全废,长此下去究不是事!"目前多有人研究1905年以前科举的"应(该)变"之说和"应(该)停"之论,也有人困惑于1905年何以为科举立停"呼天抢地"的读书人并不多,亦有人着眼于1905年后"复科举"之谬论与妄动。而较少有人考察读书人如何应对他们预想的和实际的"科举之变",他们又是如何被"科举将亡"之风势所影响和调动的。这种状况大概是不脱"进化"眼光看历史的又一例。

历史的曲折还在于,虽然改革的本质是利益再分配,有人顺应改革而获益,有人在改革的冲击下落魄。但如就此推论说顺应改革的获益之人都过得非常愉悦,则可能相当离谱。李济、俞大维等年纪较轻,在父兄帮助下对科举之变有所准备,停科举对他们的冲击当然较小。即便如此,多年后俞大维对李济说"我的国文作文始终没搞通"!这提示着新策论实为"洋八股"之看法大有继续言说的空间(此处不暇展开)。而那些进士、举人出身,年龄三四十甚至五十多岁(须注意清末的三四十岁与今天相比,"苍老感"要强得多)的人,他们也早已感知到科举将停,遂努力在时局的旋涡中挣扎,想在地方兴学、留学的热潮中分一杯羹。最后当然大多是分到了,但他们为此付出的代价是一把年纪离开家乡,或进京、或赴沪、或入省来做结果未知的经营打拼,甚至一句日语未习,就登上海轮,负笈东瀛,学习法政。若与其心灵相沟通,我们会发现那些貌似延续了"士绅特权"的读书人其实也一样承受着科举立停后茫茫然不知未来向何处去的哀与痛。

记者：从晚清兴学堂开始,近代化的学生群体日益崛起,这一群体和以往的读书人相较有何特点？

瞿骏："兴学堂"是清末一个截断中流的大改制,它又与科举改章和科举立停的过程相伴随,因此在近十年间入学堂的学生中既有传统读书人,又有半新半旧之读书人,更有新一代读书人。这些人入了学堂之后所产生的变化有很多,这里简单用三个关键词来形容,一为"落差",二为"无定",三为"群聚"。

先来说"落差"。当年读鲁迅写的《琐记》一文,印象最深的是江南水师学堂里那"二十丈高的桅杆",人"如果爬到顶,便可以近看狮子山,远眺莫愁湖"。这文字里面除了满满的"少年寂寞"外,实让人诧异。一个水师学堂竟然无游泳池而只能爬杆,这大概正是当时学生入学堂后感到想象与实际落差巨大的最佳写照。清廷行新政并非完全无钱,但枝枝节节,百端并举,遂令钱再多也只能掉入填补不得的大坑之中。由此清廷兴学的理想与实际就有重大差别。对此读书人未入学堂前无从察觉,像张资平只是觉得在县城学堂读书的人每星期回来一次,很得村人看重。在省城进学的人,每学期回来一次,更能够博得村人尊敬,因此"无一天不梦想出省城念书"。所以从清末到民初,大小城市里充斥着一群满怀着梦想与憧憬的人和梦想与憧憬被碰得粉碎的人,很多学生的人生转折都能在此找到源头,而如此多的人生转折造就的是历史的一次次漂移。

再来说"无定"。近代中国的最大问题大概在于永远不知道变革到何处是一个尽头。若是无休无息的变革,那么身处其间的人们一定会感到种种"无定",清末民初的学生就是"无定"感最强烈的一群人。胡适曾说:"当这个学制根本动摇的时代,我们全没有现成的标准可以依据,也没有过去的经验可以参考。"因此学生从投考学堂起就几近无所适从,是入一般学堂还是专门学堂?考试时是重专科,是重国文,还是重外语?各学堂的入学要求千差万别。而辛苦考入学堂后是注重新学还是继续读经?文理科目众多,各科并举力有不逮,用功程度如何拿捏?这一个个问号都要父母和学生做出及时、快速的决断,而这些决断都可能在日后成为学生能否顺利立足社会的重要因素。甚至学生出学堂时,他们亦会面对诸多类型的毕业考试而感到应对无措。1911年唐文治就指出:"(据)部章,毕业考试之前有学期考试,而各中学之毕业者,即须赴省复试。三试相连,往往考至月余,始能竣事。其才质庸劣者,不过敷衍抄袭,其力争上游者,劳精敝神,至以性命相搏。幸而毕业,或已毙命,或成废弃,似此情形,以家寒而力求上进者为尤多,尤可痛悯!"

最后是"群聚"。学生的倍感落差和彷徨无定若仅为一个体的感觉,大概最多会走向抑郁与自杀。但相较传统读书人,学堂学生的一个鲜明特点正是数十、上百乃至数百人的"群聚",且是远离家乡、家族、父母之爱护与管束的"群聚"。这样的状态既塑造了新人,又引来了烦闷;既有利于革命,又通向着消沉;既让学生成为现代中国不可忽视的政治力量,又让学生成为被政治拨弄的新式工具。其间的多歧性值得我们再三思索。

记者: 在革命党人的鼓动下,清末各地起事不断,排满思潮流行,一般读书人如何看待排满与自己的民族身份?

瞿骏: 我对清末的"排满"思潮下过四字断语——"似真亦幻"。什么意思呢?"排满"从其被研究的历程看自然是一股"大潮"!这首先决定于革命史研究至今犹存的影响力。清末"排满"既是当时革命的方向,又是当时革命的性质。自20世纪30年代起,在国民党官方主导下,排满革命史研究就已蔚然成潮。其次决定于我们通过什么样的史料来研究"排满"。在辛亥老人的回忆录里,他们大成就的起点是自幼"排满"、日日"排满";中国学者的辛亥革命研究,曾花大力气研读的是《苏报》《民报》《民立报》《天讨》等报刊,以及孙中山、蔡元培、黄兴、宋教仁、邹容、陈天华等革命党人的文集。读这些报刊和文集大概一定可以看到"排满"成潮,甚或日本学者千辛万苦收集史料,开展共同研读,一开始也是一起读《民报》影印本。我想若是自己每周与《民报》为伴,当然也会得出"排满"成潮的结论。

问题是以上所述的"排满"成潮恐怕较多是因为紧盯着革命的历史图像而产生的一种"似真"印象。若打开清末历史的全图就会发现,里面并不只有革命(一个例子是目前不少关于清末的历史叙述常常被简化成海内外康党与海内外革命党的斗争,再一转而为革命派与立宪派之争,很多时候清政府竟然消失不见了!),史料也并不只有前述的那些报刊(即使只有这些报刊,也需要考察它们究竟有多少人在读,读出了什么)。

因此正如洋务运动的成败不能以甲午战争的成败来考量一样,清末排满的流行程度同样不能以 1911 年清廷倾覆来做简单判断。我们以往对新的那一面太过关注,而且常常是以革命、共和等最新的面相作为关注焦点,因此常常忽略那些其实很新但不是最新的面相,更不用说那些半新半旧或者极端保守的面相。

简单来说,20 世纪初确实有相信"今天下之教习均不可恃,十分之三为康党,十分之七为孙党"的读书人。但在大多数时人眼中此等不过是"妄人"。真正受到明季遗献和种族思想波动之影响的其实只是相当少的一部分人,"大多数人民,尤其是士大夫,即使在接触到大量禁毁文献后仍然非常忠于满清"(王汎森语)。这从清末十余年很多地方读书人的文献中都能够得到证明。而且即使是受到排满思想影响的那批读书人,以排满为纲领的种族民族主义不过是他们的一个选项而已,国家民族主义、世界主义、女权主义、无政府主义等等也都是他们的选项,有些选项如无政府主义,因为在读书人的认知里比排满要更新,所以会更具有吸引力。

记者:我们对大城市和通商口岸里的"明星"读书人了解较多,那些小城镇里的读书人是什么情况?

瞿骏:这个问题非常重要,我们的确需要去多了解小城镇里的那些地方读书人。前两天我看话剧《北京法源寺》,让我印象最深刻的是头尾两场戏,谭嗣同、康有为等主角慷慨激昂地说着大段台词,演员的功夫着实令人钦佩。更妙的是,在主角一直被追光灯追随的同时,整个舞台上永远有各色人等在看似杂乱、实则有序地走动着,交流着,互动着。这正是历史大舞台的真实写照,即在中国走向现代的变局中,若是那些"明星"读书人登高一呼,四周哑然无声,变局恐怕就无从谈起。而且呼应一定不是整齐划一的,而是一方面众声喧哗、杂乱无章,一方面又有相近似的、可堪联系的理路可循。限于篇幅,这里先谈两点。

一个是考察小城镇里的读书人要注意到"历史不是突然全部冒出来的,而是一节一节生长出来的"(此处受到罗志田老师文章的启发)。我们尤须在意的不是地方读书人知道了什么,而是他们知道的基础是什么,不知道什么,以为什么,想象什么,进而又怎样利用他们的"知道、不知道、以为和想象"去做些什么。如此我们才能将历史舞台的边缘、角落和细部看得更加清楚,进而"明星"读书人所处的中心也就会更加鲜活光亮。若四周模糊不清,中心亮则亮矣,但整个大舞台就缩小成几个光点了。

另一个是处理小城镇里的读书人一定要注重上下之参照。这种上下之参照一是指重视"制度运作过程",要努力弄清一些思想传播、观念流行中的基础性问题,如戊戌维新的消息是多久到某省的?又经多久到府厅州县的?对于每一条具体的上谕地方官又是如何处理、如何落实的?政变后也都有类似问题,这些问题与清王朝的制度运作过程密切相关,已有学者如刘熠有很好的研究,但仍嫌不足,特别是治思想文化史者对此常有忽视。二是指了解地方读书人的思想结构非常重要,但重新处理"明星"读书人的思想结构同样重要。比如魏源的《海国图志》,洋人在《中国丛报》(*Chinese Repository*)上多拿其与《瀛寰志略》做类比,批评其"不够新",但《海国图志》"不够新"的部分或正构成了其对地方读书人的持久吸引力?那么地方读书人多选择《海国图志》而稍稍抗拒《瀛寰志略》的"给定条件"又是什么?研究地方读书人最大的难点之一或就在于既要知下,又要知上,永远需要在"明星"读书人思想与地方读书人思想的循环往复、交缠互动的过程里来更多地理解彼此,更深地解说彼此。

记者:读书人的转型,重要的一个方面是读的书不一样了。您对当时的教科书颇有研究,前段时间国内也热捧过民国教科书,您怎么评价这些教科书及其在当下的走红现象?

瞿骏:当下的教育体制凡是身在其中或子女在其中者大概都不会觉得太满意。一个显著的现象是"素质教育"一词大概从20世纪90年代开始就大肆鼓吹,与之相联系的词叫"减负"。但现在无须做精细研究,只要看看周围的小孩就知道,减负那么多年,从小学生到大学生的学业是越减越重,越减越苦。在这样的氛围里除了向未来的改革找出路外,对"黄金民国"的追慕也就自然产生了,而大量重新影印或整理出版的清末民国教科书正是这种追慕性情绪的出口和载体。

对我来说,有如此大宗的史料出版,当然是尽薄薪买来读一读。但读多了,再看既有研究和书商的炒作就觉得有必要稍说两句。其间最大的诡论是研究者太爱讲教科书里传播的西学新知,并推论教科书里的西学新知引动了政治、社会、文化的大变化。而书商则多以"重寻传统""民国语文""黄金时代"等大词做宣传,因此教科书和所谓"传统"之间是何关系,教科书作为史料是如何"形成"的(谁写的?写来做什么?),教科书启蒙与教科书生意之间是何关系等问题都需要进一步厘清。

这里最需要注意以下几点。第一,我们现在因为离传统太远,遂以为清末民初的教科书离传统较近。诚然,清末和民初的教科书里确实有不少关于传统的内容,但其中大多仅仅是游离的、散乱的一个个传统因子而已,传统特别是儒学大经大法的地位在清末已然渐渐消逝,传统"正学"的整体结构已然被打散。因此教科书里虽然貌似谈了很多古人与古事,但通过撰者隐秘地删节、改写和重述,这些古人、古事指向的却可能是极其"现代"的价值和意蕴。像教科书中常出现的"苏武牧羊"故事,就经历过一个从宣扬"忠君爱国"到强调爱民族国家的转变。

第二,我想应充分注意到清末民初教科书的修撰者基本是当时江浙地区的趋新读书人。他们的领头人张元济、黄炎培等不少都是历晚清、北京政府、南京国民政府三朝甚至四朝而不倒的"卓越人物"。张、黄等人虽趋新,甚至趋过"革命",但其实未必有拿得出手的"思想"和"见识",不过他们"应时而变"的本领确实不小。而且教科书只是其主导事业之一种,在文化、教育、政治等各个领域其实他们都触角甚深,影响广远,远超我们的既有认知。1924 年有人曾为这派人做总结说:"他们的中坚人物,大概是前清末年江苏谘议局的议员,所以亦有称为谘议派的。他们在民国初元程德全为江苏都督的时候,是很得势的。那时黄炎培为教育司长……他们的眼光颇不低,野心颇不小。他们有三条秘诀:一、实力即承认;二、弃虚名居实权;三、对各方不开罪。军阀有势力,他们便向军阀献殷勤;名流有声望,他们便和名流吊膀子。如一切会社的什么长都推到蔡元培等的身上去,他们自己只做有实权的什么干事,便是证据。他们处事极其奸猾,对于政局态度,有时亦随社会趋向附和赞成,但决'不为物先',而且一待情势变迁,他们便托故改变面目。如曹锟贿选之前,他们亦曾通电否认曹锟有候补总统资格,及既成功,他们却托词各地小商会主张不必过问政治,而且拍电时,居然干脆地称呼曹大总统了。"

这段话虽有些刻薄,但提醒我们考察由这些人物所主导出版的教科书,恰要仔细研究其如何"应时而变"?怎样顺应潮流?在伸张什么?又在压抑什么?这种伸张和压抑在教科书中如何体现?背后又经过了怎样的布置与操作?

第三,教科书是清末民初中国启蒙事业的重要组成部分,但它同时亦是当时出版业最大的一宗生意。因此教科书的启蒙与生意间的微妙关系仍需要多做些解说。这表现在一方面无生意则无启蒙的规模效应,生意一定程度上确实促成了启蒙的强势拓展。但另一方面生意也可能使得启蒙旁逸斜出,波折丛生。简单来说问题大概有三:首先,有生意就有商家间的竞争,竞争的白热化对商家来说很多时候是两败俱伤。其中最典型的是商务与中华的教科书之争。其次,启蒙既成生意,就需要保证出版品数量巨大方有利可图,而由此造成的新书泛滥却使得无力购书者越来越多。1901年已有人提出,八股改策论后,"中外政治、艺学书籍浩繁,贫士不克多购,中材莫能遍读"。而且新书"新则新矣,却未必为"佳品",即使为"佳品",但因其"太多"而使得读书人难以熟读,只得泛览,更会选择困难,顾此失彼。最后也是最重要的,教科书生意既由资本力量所操纵,此种操纵就不会仅仅局限于出版机构,而一定是延绵各界,流布四方,进而影响所谓"舆论",促成一种"当舆论燎原滔天之际,凡诸理势诚不可以口舌争"的形势。进而不少"新人物"就会利用舆论的"燎原滔天"来打压与其不太相得的出版机构,挟持威逼各级政府就范,以达到推广实行他们的主张,甚至是获得其私利的目的。

(原载《东方早报·上海书评》,2016年12月4日,石伟杰采写)